PAMERAN RETROSPEKTIF

RETROSPECTIVE EXHIBITION

1964 ~ 2003

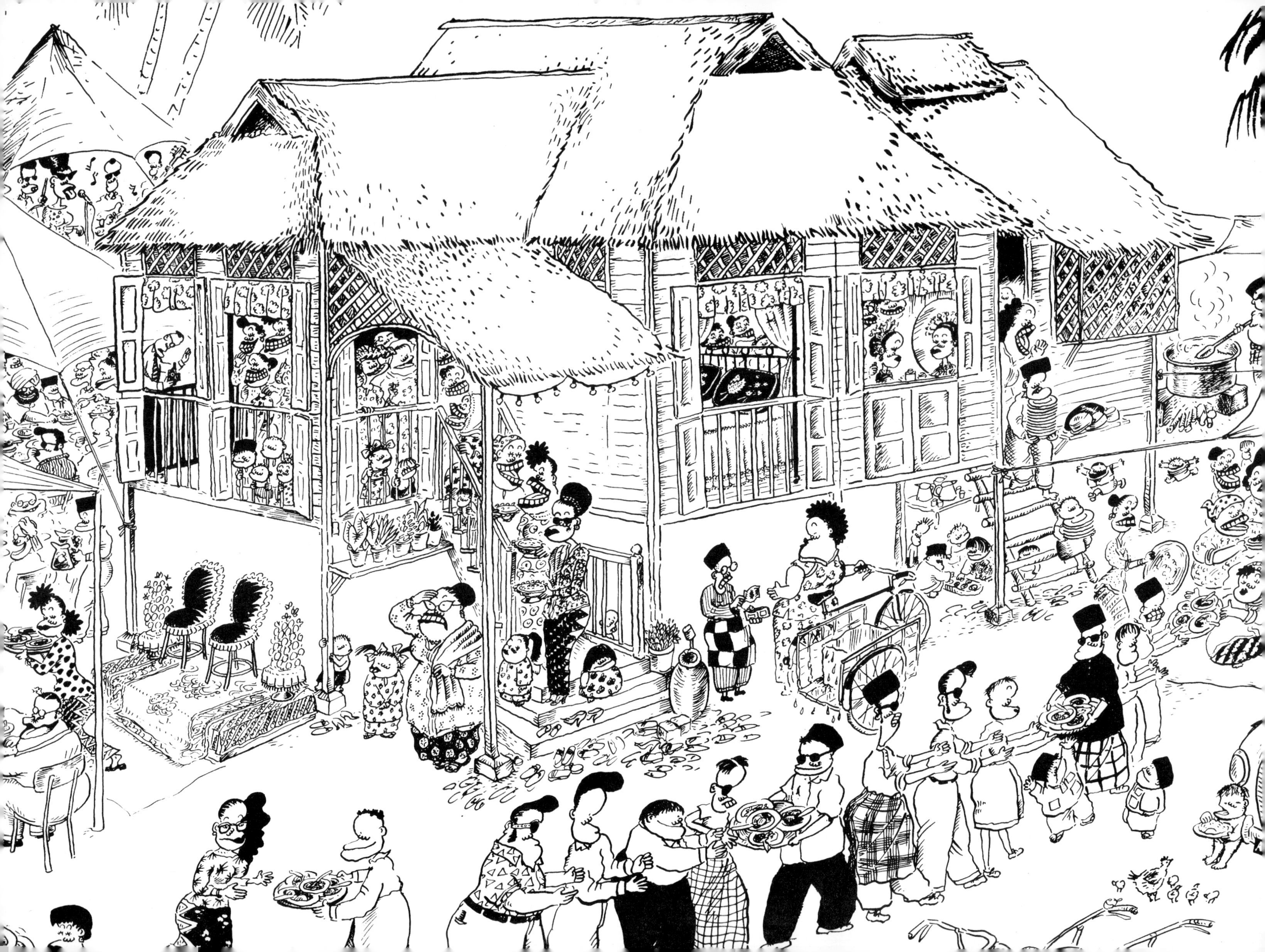

PAMERAN
RETROSPEKTIF

RETROSPECTIVE
EXHIBITION

1964 ~ 2003

dengan Sumbangan dari / *with Contributions by*   **Redza Piyadasa**

Dr. Muliyadi Mahamood

Balai Seni Lukis Negara
National Art Gallery

PAMERAN RETROSPEKTIF LAT
22 Disember 2003 ~ 29 Februari 2004
LAT RETROSPECTIVE EXHIBITION
22 December 2003 ~ 29 February 2004

PENERBIT / *PUBLISHER*
National Art Gallery
Kuala Lumpur

No. 2, Jalan Temerloh, Off Jalan Tun Razak
53200 Kuala Lumpur, Malaysia
Tel: 603 4025 4990
Fax: 603 4025 4987
Email: blsn@po.jaring.my
Website: www.artgallery.org.my

ISBN 983-9572-71-7

KURATOR PAMERAN / *EXHIBITION CURATOR*
Redza Piyadasa

JAWATANKUASA PROJEK / *PROJECT COMMITEE*
Wairah Marzuki
Ameruddin Ahmad
Ahmad Azidi Amin Kolam

REKABENTUK / *DESIGN*
Saiful Anwar Yahaya

PISAH WARNA / *COLOUR SEPARATION*
Fajar Colour

PENCETAK / *PRINTER*
Cetakrapi Sdn. Bhd.

KANDUNGAN CONTENTS

SEULAS PINANG SEKAPUR SIRIH

OLEH : **Tan Sri Kamarul Ariffin bin Mohamad Yassin**
Pengerusi
Lembaga Amanah Balai Seni Lukis Negara

KARYA yang dihasilkan dalam bentuk karikatur mahupun yang dilakar sebagai kartun tetap menjadi sebuah karya seni bermutu sekiranya berupaya menyentuh perasaan atau mencuit hati para pelihatnya. Sentuhan qalam Yang Berbahagia Dato' Mohd Nor Khalid yang lebih terkenal dengan nama Lat adalah setaraf dengan karya-karya yang dihasilkan oleh ahli-ahli karikatur terkemuka di dunia seperti William Hogarth (Inggeris, 1697-1794), Francisco Jose de Goya y Lucientes (Sepanyol, 1746-1828), Honore Daumier (Perancis, 1808-1879), Thomas Nast (Amerika Syarikat, 1840-1902), Sir Max Beerbohm (Inggeris, 1872-1956), dan Sir David Low (New Zealand, 1891-1963).

Karya Lat memaparkan masyarakat majmuk Malaysia serta keluarga di desa dan di kota dengan wajah, telatah dan watak tersendiri. Setiap kali karyanya menjelma di dada akhbar, ianya menyentuh isu-isu semasa yang disampaikan dengan penuh makna yang bukan sahaja lucu dan menggelikan hati atau mencuit perasaan tetapi juga tajam sindirannya. Lat yang dilahirkan pada 1951 telah berjinak-jinak dengan seni karikatur semenjak berusia tiga belas tahun, dan kini beliau adalah salah seorang seniman besar negara. Oleh itu adalah sangat wajar bagi Balai Seni Lukis Negara mengadakan Pameran Retrospektif bagi menghormati dan mengiktiraf Yang Berbahagia Dato' Mohd Nor Khalid.

Mudah-mudahan karya-karya Lat yang disajikan ini mendapat restu dan disanjung tinggi oleh semua yang melihatnya.

The life of an independant cartoonist.

PRAKATA *PREFACE*

OLEH/BY **Redza Piyadasa**

Keputusan yang dibuat oleh Lembaga Amanah Balai Seni Lukis Negara Malaysia dalam menganugerahkan suatu pameran retrospektif kepada kartunis terkenal Malaysia, Lat (nama sebenar Dato' Mohd. Nor Khalid), merupakan langkah julung dalam sejarah Balai. Inilah kali sulung seorang kartunis Malaysia dianugerahkan pengiktirafan rasmi sedemikian oleh Balai. Penerima-penerima pameran retrospektif terdahulu kesemuanya artis-artis seni halus. Sejak penubuhan Balai Seni Lukis Negara pada 1958, sembilan orang artis seni halus Malaysia telah diberikan penghormatan nasional ini.[1] Maka, Lat merupakan artis visual yang kesepuluh dan kartunis Malaysia pertama yang dianugerahkan pengiktirafan nasional yang berprestij ini atas sumbangan penting seumur hidupnya, ke arah memperkaya budaya kontemporari Malaysia.

Keputusan Balai Seni Lukis Negara memberikan pameran retrospektif ini kepada seorang kartunis tempatan dapat pula dilihat sebagai suatu lagi petunjuk ke arah perubahan persepsi yang berlaku baik dari sudut tempatan mahupun institusi-institusi seni antarabangsa, mengenai pendefinisian dan penilaian semula akan artis-artis visual serta sumbangan kreatif mereka. Dahulunya, wujud suatu struktur hierarki di mana artis seni halus (artis catan dan arca) menikmati suatu status dominan khusus ke atas artis-artis kreatif yang lain. Hanya artis-artis seni halus ini

The decision made by the Board of Trustees of the National Art Gallery of Malaysia to award a retrospective exhibition to the well-known Malaysian cartoonist Lat (real name: Dato' Mohd. Nor bin Khalid) marks a first in the Gallery's history. This is the first time that a Malaysian cartoonist has been honoured with such official recognition by the Gallery. Previous recipients of these retrospective exhibitions have all been fine artists. Since the formation of the National Art Gallery in 1958, nine Malaysian fine artists have been accorded such a national honour.[1] Lat is, as such, the tenth local visual artist and the first Malaysian cartoonist to be bestowed with this prestigious national recognition for his significant lifetime contributions toward the enrichment of contemporary Malaysian culture and life.

The National Art Gallery's decision to accord this retrospective exhibition to a local cartoonist may be viewed as another indication of the changing perceptions that have taken place within the local and the international art establishments with regards to the new redefinitions and reappraisals of visual artists and their creative endeavours. In previous times, a hierarchical structure had prevailed wherein the fine artists (i.e. the painters and the sculptors) had enjoyed a special dominant status over the other kinds of creative visual artists. The fine artists had previously been deemed to be the only ones worthy of retrospective exhibitions in official art museums. More recent critical reappraisals regarding the nature of artistic activity and

8

dianggap sebagai layak menerima pameran retrospektif di muzium-muzium rasmi seni. Penilaian semula terhadap sifat aktiviti kreatif serta konteks seni akhir-akhir ini memberi makna bahawa penekanan dibuat bukan lagi berasaskan medium, teknik dan pendekatan idea kreatif yang terhad kepada konteks seni halus sahaja. Berikutan peralihan keadaan yang nyata ini, kini kita berupaya menghayati serta menaksir semula secara lebih bermakna sumbangan-sumbangan terhadap masyarakat oleh artis-artis visual kreatif yang lain seperti pengkarya pelbagai perekabentuk seni gunaan, jurugambar, pembuat filem, ilustrator, dan juga kartunis. Maka, pameran retrospektif Lat ini dapat dilihat sebagai mengorak langkah baru di negara ini. Kita telah bergerak jauh dari era awal akademi-akademi seni dan institusi-institusi seni rasmi yang telah secara eksklusif menegakkan gagasan sindrom hierarki "seni mulia (high art)" yang bersendikan mitos terhadap Catan/Arca.

Peranan serius kartunis sebagai komentator sosial dan politik yang penting kini luas diterima oleh kebanyakan masyarakat Asia. Reputasi Lat sebagai kartunis tempatan Malaysia diiktiraf di Negara kita demikian juga penerimaannya pada peringkat antarabangsa. Sepertimana diketahui ramai, kerjaya kartunnya bermula sejak dibangku sekolah, pada awal 1960an. Kreativitinya tetap tidak luntur hinggalah ke hari ini. Pameran komprehensif ini meliputi jangka masa dari 1964 hingga 2003 – tiga puluh sembilan tahun lamanya. Lat kini berusia 52 tahun dan terus amat produktif. Pameran ini, buat pertama kalinya, membawakan

the art context have meant that the emphasis is now no longer based on specific mediums, techniques and ideatic approaches of creativity restricted to the fine art contexts alone. A consequence of this markedly changed circumstance has made it possible for us today to appreciate and reassess more meaningfully the significant societal contributions made by the other creative visual artists such as the various applied arts designers, photographers, film-makers, illustrators and also, cartoonists. This Lat retrospective exhibition may thus be viewed as breaking new ground within this country. We have indeed come a long way since the earlier era of the official art academies and the official art institutions that had exclusively upheld the notion of a hierarchical "high art" syndrome founded on the Painting/ Sculpture dichotomy and myth.

The role of the serious cartoonist as a significant social and political commentator is today widely acknowledged and recognized in most Asian societies. Lat's reputation as Malaysia's most significant cartoonist has been long recognized locally and he has also been internationally appreciated and honoured as well.[2] As is well known, his cartooning career had begun even during his schooldays, during the early 1960s. His creativity has remained undiminished up to the present time. The present comprehensive exhibition covers a time span that stretches from 1964 to 2003 – thirty-nine years of his life. He is fifty-two years old today and he still remains very productive. This exhibition, as such, brings to the public arena, for the first time, the largest and most comprehensive showing of his artistic creations ever collected in one venue. It will allow the public-at-large an

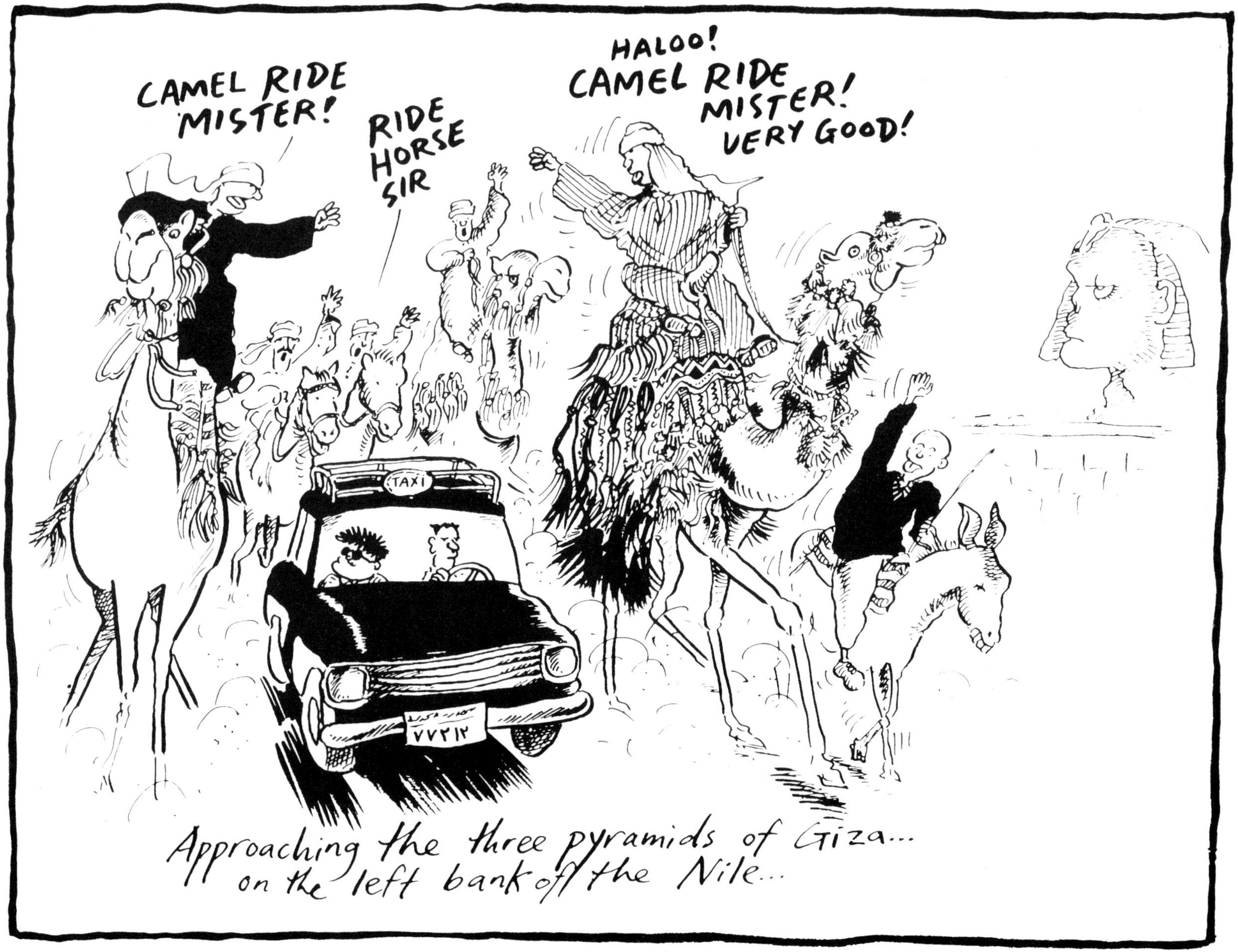
CAMEL RIDE MISTER!
RIDE HORSE SIR
HALOO! CAMEL RIDE MISTER! VERY GOOD!
TAXI
Approaching the three pyramids of Giza... on the left bank of the Nile...

kepada khalayak ramai, paparan terbesar dan komprehensif yang pernah diadakan pada suatu tempat akan hasil cipta kreatif Lat. Pameran ini akan memberi peluang kepada orang ramai mengkaji secara mendalam fasa-fasa evolusi perkembangannya sebagai kartunis serta juga visi seninya yang unik, yang telah membantu dirinya menjadi seorang inovator dan ikon budaya yang disayangi. Sumbangan peribadi Lat terhadap peningkatan keseluruhan imej dan taraf artis visual di negara ini sesungguhnya adalah penting.

Bagi tujuan menghasilkan penerbitan kenangan pameran ini, beberapa penulisan ilmiah turut disertakan. Saya telah menjemput sejarawan seni, Dr. Mulyadi Mohamad, pakar dalam sejarah usaha-usaha pengkartunan di tanahair, bagi memberikan beberapa tinjauan khusus mengenai kisah semasa tradisi pengkartunan di Malaysia dan menempatkan kedudukan dan pengaruh Lat dalam kisah yang menarik yang terkurang dimaklumi ramai. Lat memulakan kerjayanya pada awal 1960an semasa peluang untuk saluran kreatif bagi kartunis demikian jua pengiktirafan serius serta ganjaran kewangan adalah amat terhad. Untunglah, sejak masa itu banyak telah berubah. Kartunis-kartunis terkenal di Malaysia kini yang mengecapi status baru dan populariti banyak berterima kasih kepada usaha-usaha perintis Lat sendiri serta kartunis-kartunis perintis terawal yang berkarya semasa era sebelum Merdeka. Pengaruh Lat ke atas kartunis-kartunis muda Malaysia juga adalah besar.

Penulisan Dr. Muliyadi akan menyampaikan

opportunity to study in depth the different phases of his evolutionary development as a cartoonist and also his unique artistic vision, which has helped make him a much-loved Malaysian cultural innovator and cultural icon. Lat's own highly significant contributions towards the overall elevation of the status of the visual artist in this country has indeed been significant.

For the purpose of producing this commemorative exhibition publication, a number of scholarly writings have been included in it. I invited the art historian, Dr. Muliyadi Mahamood, who is an expert on the history of cartooning endeavours in this country, to provide a special survey of the on-going story of a Malaysian cartooning tradition and also to locate Lat's place and influence within that interesting but little known story. Two scholarly essays by Dr. Muliyadi are included here. Lat began his cartooning career during the early 1960s when the opportunities for creative outlets for cartoonists as well as for serious recognition and remunerative rewards were very much limited. Happily, much has changed since that time and the new status and popularity enjoyed by Malaysia's more popular cartoonists today owes a lot to the ground breaking efforts of Lat himself and also to the other earlier, pioneering Malaysian cartoonists, who had worked during the pre-independence era. Lat's own artistic influence on younger Malaysian cartoonists in the last few decades has also been considerable indeed.

Dr. Muliyadi's historical survey essay will prove most informative and illuminating to the discerning reader. Dr Muliyadi's scholarly discussion of the history of cartooning

pemakluman yang menyerlah kepada para pembaca yang peka. Pembicangan beliau mengenai perkembangan tradisi pengkartunan di Malaysia banyak membicarakan perkembangan-perkembangan yang berlaku di dalam suratkhabar dan majalah-majalah Melayu. Beliau membincang kepentingan kartun-kartun Melayu dalam konteks nasionalisme Melayu di Malaysia. Walaubagaimanapun, pada zaman yang sama telah terdapat beberapa suratkhabar dan majalah yang penting berbahasa Inggeris dan Cina dan terdapat kemunculan beberapa kartunis bukan Melayu yang memainkan peranan yang penting dalam konteks sosio-budaya dan sosio-politik negara ini. Kajian yang lebih menyeluruh harus diusahakan supaya kita dapat dokumentasikan dan menerangkan gambaran yang lebih luas mengenai 'big picture' pengkartunan berbilang kaum yang kompleks dalam tradisi pengkartunan di Malaysia. Saya berharap Dr. Muliyadi dapat mempertimbangkan masalah ketiadaan buku ilmiah mengenai tradisi pengkartunan yang menyeluruh di Malaysia. Beliau merupakan orang yang paling sesuai untuk melaksanakan projek penting ini.

Esei sumbangan saya dalam penerbitan ini telah dihasilkan pada tahun 1994 dan telah diterbitkan pertama kali di dalam buku *Lat - 30 Years Later*. Dalam esei ini saya telah meninjau evolusi kesenian Lat yang kompleks itu serta keunikan sumbangannya dalam memperkenalkan visi kreativiti yang bersifat pelbagai kaum dan majmuk dalam matriks sosio-budaya Malaysia. Lat memulakan kerjaya

endeavours in this country focuses, for the most part, on the development and growth of the Malay newspapers and magazines and highlights the social contexts of Malay nationalistic hopes and aspirations, dating back to the late 19th century and also to the pre-War era. Cartoons produced by the Malays formed a vital part of this Malay-centered cultural story. The parallel emergence of several English language and Chinese language newspapers and magazines in this country, dating back to the earliest days of Malaysian journalism in the then British Malaya, had also witnessed the emergence of significant numbers of European and Chinese cartoonists working within these earlier non-Malay mass media publishing contexts. Much more research clearly needs to be done in documenting and explicating this larger, multi-ethnic "big picture" of the overall story of a complex cartooning tradition in modern Malaysia. A major scholarly publication on the "overall history" of a cartooning tradition in modern, multi-ethnic Malaysia is indeed long overdue. I hope Dr. Muliyadi will give some thought towards rectifying this glaring shortcoming. He is eminently qualified to undertake this difficult task and to produce the definitive book on the history of cartooning endeavours in this country.

My own contributory essay, which was originally written in 1994, for inclusion in the book Lat – 30 Years Later (published in 1994) is reproduced here in the present retrospective publication. In this essay, I had analysed Lat's complex artistic evolution and his unique contributions towards the introduction of a multi-racial and pluralistic vision of artistic creativity within the polyglot Malaysian socio-cultural matrix. He initially began

his cartooning career by operating within a strictly Malay-centred social-cultural milieu and context during the 1960s, linked to the world of Malay language newspapers and magazines. He later transcended this limited parochial context to embrace a larger, multi-ethnic "Malaysian" and subsequently, international, universalized cultural perspective in his later years of artistic maturity. When he began producing cartoons for a leading English language newspaper in the country during the mid-1970s, he was forced to readapt his creative approach and vision to embrace and project the larger, all-encompassing and pluralistic Malaysian multi-racial matrix. That he succeeded admirably in this new challenging task is now a well-acknowledged historical fact. Many background factors contributed to this highly successful transition. I had discussed some of these formative factors in my essay which was conceived as a tribute to the artist.

What may not be generally realised by the public-at-large is that Lat is a highly articulate artist, intelligently well-informed about the world-at-large and, as is to be expected, a very witty conversationalist when he is in the company of his close friends and colleagues. My own close, personal friendship with Lat dates back to the early 1970s, when we were both starting out on our different artistic careers within the Kuala Lumpur cultural scene. My attempt to critically document and explicate his artistic achievements as exhibition curator has certainly been much aided by this longstanding and meaningful friendship. Curating an exhibition such as this one, based on the lifetime work of an internationally recognized cartoonist, has proved to be a useful learning experience for me.

berkartun pada tahun 1960an dengan membataskan kepada penumpuan terhadap suasana dan konteks budaya Melayu, dalam kaitan dengan akhbar dan majalah berbahasa Melayu. Namun, Lat kemudiannya melampaui konteks parokial terhad ini lalu mencakupi konteks budaya Malaysia dan kesejagatan antarabangsa, yang lebih kosmopolitan pada tahun-tahun berikutnya apabila kematangan seni mendatanginya. Semasa ia mula menghasilkan kartun-kartun untuk sebuah akhbar terkemuka berbahasa Inggeris di negara ini pada pertengahan tahun 1970an, ia terpaksa menyesuaikan semula pendekatan kreatifnya dan visinya bagi memaparkan realiti keseluruhan sosio-budaya masyarakat majmuk Malaysia. Kejayaan gemilangnya dalam tugas baru yang mencabar ini menjadi kenyataan yang diperakukan. Beberapa faktor menyumbang ke arah kejayaan peringkat transisi ini.

Apa yang umumnya kurang diketahui umum ialah bahawa Lat amat petah berbicara, berpengetahuan luas, dan, seperti dijangkakan, ialah seorang pembual yang pintar seloroh apabila bersama kenalan rapat ataupun rakan sejawat. Hubungan rapat peribadi saya dengan Lat bermula sejak awal 1970an, semasa kami sama-sama mengorak langkah menuju kerjaya kematangan artistik masing-masing dalam konteks budaya tempatan. Hubungan lama lagi bermakna ini sudah semestinya banyak membantu usaha saya sebagai kurator pameran, mendokumen dan menghuraikan kejayaan artistiknya. Menjadi kurator pameran seperti ini, yang berlandaskan pengkaryaan

In curating this particular retrospective exhibition, I have structured the exhibition format into <u>eight</u> distinctive thematic component parts, namely, (1) Childhood and the early years of creativity; (2) The early connections with the Malay language press and Malay publication industry; (3) The exposure to the English language press and the emergence of multi-cultural vision; (4) The thematic "novelistic" comic books based on autobiographical considerations; (5) The international cartoons executed during global travels; (6) Caricaturised portraitures of politicians, intellectuals and cultural personalities; and (7) The production of Lat-inspired advertisements, animated cartoon films and other commercialised items produced for the Malaysian market.

I wish to acknowledge here, on behalf of the National Art Gallery, the kind cooperation and help that has been given by various organizations and individuals that have helped make this exhibition and publication possible. Special thanks are due to the New Straits Times Press Sdn Bhd for allowing us the use of Lat materials in their possession. Special thanks are also due to the Berita Publishers organization for similar access to and use of the artist's images and publications. Other organisations that need to be thanked for lending works for this exhibition include the Arab-Malaysia Bank Berhad, the Petronas Art Gallery, Astro TV Malaysia and Selangor Pewter Sendirian Berhad. Individual collectors of the artist's works are duly acknowledged by name.

In planning this exhibition, I have been assisted by Puan Wairah Marzuki, Director of the National Art Gallery of Malaysia and her support staff. A special thanks to Dr. Muliyadi Mahamood

seumur hidup seorang kartunis terkenal, ternyata menjadi suatu pembelajaran jua untuk saya.

Sebagai kurator pameran retrospektif khas ini, saya menyusunkan formatnya ikut <u>lapan</u> bahagian komponen ikut tema khusus: ianya (1) Zaman kanak-kanak dan peringkat awal kreativiti; (2) Hubungan awal dengan akhbar berbahasa Melayu dan industri penerbitan Melayu; (3) Pendedahan kepada akhbar bahasa Inggeris dan kemunculan visi berbilang-budaya; (4) Buku-buku komik "roman" berasaskan pertimbangan autobiografikal; (5) Kartun-kartun alam antarabangsa yang diusahakan semasa menjelajahi negara- negara asing; (6) Karikatur potret tokoh-tokoh politik, kaum intelek dan tokoh-tokoh budaya; dan (7) Penerbitan yang bersemangatkan 'Lat' pada iklan-iklan, filem animasi kartun dan bahan-bahan komersil lain yang dihasilkan untuk pasaran di Malaysia. Saya juga memasukkan bibliografi terpilih serta biodata artis untuk faedah-faedah penyelidikan di hari muka.

Bagi pihak Balai Seni Lukis Negara, di sini sukalah menyatakan penghargaan atas ehsan kerjasama dan bantuan yang telah disampaikan oleh pelbagai pertubuhan dan orang perseorangan yang telah mengupayakan pameran dan penerbitan ini. Ucapan terima kasih khas ditujukan kepada New Straits Times Sdn. Bhd. kerana membolehkan kami bersua dan menggunakan material dan kartun-kartun Lat yang mereka miliki. Ucapan yang serupa juga ditujukan kepada Berita Publishers atas kebenaran yang serupa terhadap karya kartun dan penerbitan Lat. Pertubuhan-

for his significant contributions. The significant role played by Dato' Mohd. Nor bin Khalid (Lat) himself by way of his personal interest, useful observations, advice as well as the loan of vital materials relevant to the planning and structuring of this exhibition is very much appreciated. My very sincere thanks then to all the parties and persons involved, who have all contributed to the realisation of this significant retrospective exhibition. Terima kasih daun keladi!

Footnotes:

1. *The nine Malaysian fine artists who have previously been awarded retrospective exhibitions by the National Art Gallery of Malaysia are: Datuk Chuah Thean Teng, the late Datuk Hoessein Enas, Datuk Syed Ahmad Jamal, Abdul Latiff Mohidin, the late Datuk Tay Hooi Keat, Datuk Ibrahim Hussein, the late Ismail Zain, Yeoh Jin Leng and Redza Piyadasa.*

2. *Lat has been the recipient of several international travel awards and honours in recognition of his cultural contributions. He was awarded the prestigious international Fukuoka Asian Cultural Award in 2002. He was awarded the Dato' Paduka Mahkota Perak award by His Highness, The Sultan of Perak in 1994.*

pertubuhan lain juga mendapat ucapan terima kasih kami kerana meminjamkan karya-karya bagi pameran ini termasuklah Arab-Malaysia Bank Berhad, Galeri Petronas, AstroTV Malaysia, dan Selangor Pewter Sendirian Berhad. Para kolektor perseorangan juga diberi penghargaan secara pencatatan nama masing-masing.

Dalam merangkakan pameran ini, saya memperoleh bantuan daripada Puan Wairah Marzuki, Pengarah Balai Seni Lukis Negara serta kakitangan beliau. Penghargaan peribadi saya kepada Dr. Muliyadi Mahamood kerana sumbangan beliau. Peranan penting yang dimainkan oleh Dato' Mohd. Nor Khalid (Lat) sendiri atas minat peribadinya, pengamatannya yang bernilai, nasihatnya serta juga ehsannya meminjamkan bahan-bahan yang relevan kepada perancangan dan penyusunan pameran ini adalah sangat dihargai. Maka, ucapan terima kasih ini saya tujukan kepada semua pihak dan orang perseorangan yang terlibat, yang menyumbang ke arah merealisasikan pameran retrospektif penting ini. *Terima kasih daun keladi!*

(Terjemahan oleh: Ismail Hashim)

Notakaki:

1. Kesembilan orang para pelukis Malaysia yang telah dianugerahkan pameran retrospektif oleh Balai Seni Lukis Negara Malaysia ialah: Datuk Chuah Thean Teng, Datuk Hossein Enas, Datuk Syed Ahmad Jamal, Abdul Latif Mohidin, Datuk Tay Hooi Keat, Datuk Ibrahim Hussein, Yeoh Jin Leng dan Redza Piyadasa.

2. Lat telah menerima beberapa anugerah tempatan dan antarabangsa kerana sumbangannya sebagai seorang kartunis. Pada tahun 2002 beliau dianugerahkan Fukuoka Asian Cultural Award. Pada tahun 1994 beliau telah dianugerahkan darjah kebesaran Dato' Paduka Mahkota Perak oleh YTM Sultan Perak.

Lat's cartoon depicting himself presenting his paper at the 9th Osaka International Symposium on Civilisation, Regime and Development, held at Osaka City, Japan 7 & 8th October 1988. Lats paper was titled "Will the 21st Century be that of Asia?"

SEJARAH SENI KARTUN MALAYSIA *A HISTORICAL OVERVIEW OF MALAYSIAN CARTOONS*

OLEH / BY **Dr Muliyadi Mahamood**

Pendahuluan

Kartun dan karikatur, iaitu seni lukis yang terbentuk menerusi unsur-unsur penggayaan dan pengubahsuaian subjek untuk tujuan satira dan hiburan mula muncul di Malaysia pada akhir tahun 1920-an selaras dengan perkembangan akhbar. Dalam konteks ini, kartun bukan sahaja menggambarkan ciri-ciri budaya, malahan turut merakam, menyindir serta membuat komentar terhadap isu-isu semasa.

Penulisan ini bertujuan memberi gambaran menyeluruh akan sejarah seni kartun Malaysia dengan memfokus kepada trend umum sejak dekad 1930-an, permasalahan, cabaran, arah baru serta masa depan kartun. Penulisan ini akan membincangkan kartun dalam majalah, akhbar, dan media elektronik, iaitu kartun editorial, lerang dan animasi.

Kartun Malaysia Era Pramerdeka (1930-an - 1957)

Oleh kerana kartun diterbitkan dalam akhbar, pengkajian terhadapnya perlu mengambilkira sejarah perkembangan dan dasar-dasar akhbar itu sendiri. Sejarah, bentuk dan dasar akhbar mempengaruhi bentuk dan isi kartun.

Perkembangan akhbar Melayu mencerminkan

Introduction

Cartoons and caricatures, defined as drawings formed by an exaggeration or a distortion of a subject for an effect of satire and entertainment, started in Malaysia in the late 1920s in conjunction with the development of newspapers. In that context, not only did cartoonists illustrate culture, but they also recorded, criticized or commented upon current events.

This essay provides a historical overview of Malaysian cartoons by focusing on the general trends since the 1930s, the problems, the challenges, the new movements and the future of the art form. The essay will discuss cartoons in magazines, newspapers, and electronic media, namely the editorial, strip and animated cartoons.

Malaysian Cartoons of the Pre-independence Period (1930s-1957)

The development of Malaysian cartoons should be studied according to the history of the Malaysian press, for it was in the press that cartoons appeared and developed. The nature of the press influenced the form and content of the cartoons.

The development of the Malay press mirrors the social and political development of the Malays. Since their first appearance in 1876, Malay newspapers have acted as a source of news and

perkembangan ekonomi dan sosiopolitik Melayu. Sejak penerbitan **Jawi Peranakan**, akhbar Melayu yang pertama pada 1876, akhbar telah memainkan peranannya sebagai sumber berita dan informasi, media pendidikan dan pembangkit kesedaran Melayu. Akhbar juga memainkan peranan dalam menuntut kemerdekaan di samping membantu perkembangan ekonomi dan politik negara.

Pada peringkat awal, akhbar Melayu begitu kritis terhadap persoalan-persoalan sosial terutamanya mengenai dunia kesusasteraan dan keagamaan, di samping mempersembahkan maklumat-maklumat mengenai perkembangan hal ehwal semasa. Pada sekitaran 1930-an, akhbar Melayu begitu kritis terhadap bangsa Melayu, terutamanya berkaitan isu-isu kesedaran dan masa depan bangsa. Sewaktu era penjajahan Jepun dan era sebelum Merdeka (1942-1957), akhbar-akhbar Melayu begitu kukuh memperjuangkan kesatuan Melayu dan memperjuangkan kemerdekaan. Akhbar begitu kritis terhadap pemerintahan British dan amat simpati terhadap perjuangan Melayu khususnya UMNO *(United Malays National Organization)*. Selepas kemerdekaan, akhbar-akhbar Melayu arus perdana umumnya menyebarkan dasar-dasar kerajaan dalam usaha mengukuhkan kestabilan politik, ekonomi dan sosial negara (Birch, 1879; Zainal Abidin Ahmad, 1941; Nik Ahmad Nik Hassan, 1963; Lent, 1978; Zaharom Nain, 1994; Muliyadi Mahamood, 1997).

Kartun editorial Melayu mula diterbitkan dalam akhbar **Warta Jenaka** dan **Utusan Zaman** pada sekitaran

information, a medium of education, and a catalyst for racial consciousness among the Malays. The press also strove for the independence of the country and then helped to develop Malaysia economically and politically.

In the early phase, the Malay press was more critical of social issues regarding literary and religious matters, besides presenting current events and information. The 1930s saw the press show interest in racial consciousness and the Malays' future. The papers were seen as more critical of the society than of the government. During the Japanese occupation and the pre-independence era (1942-1957), the press supported Malay unity and worked for independence. It was critical of British colonialism and sympathetic to the political entity, UMNO (United Malays National Organisation). Since independence, the mainstream press has been promoting racial harmony and supporting various government political, social, and economic policies (Birch, 1879; Zainal Abidin Ahmad, 1941 ; Nik Ahmad Nik Hassan, 1963 ; Lent, 1978 ; Zaharom Nain, 1994 ; Muliyadi Mahamood, 1997).

Malay editorial cartoons first appeared in the 1930s through the works of several regular and freelance cartoonists in two major newspapers, namely **Warta Jenaka** *and* **Utusan Zaman**. *Some of the cartoons were contributed by readers of the papers from all over the country. In addition to entertainment, most of the cartoons functioned as instruments of criticism and satire, in line with the goals of the papers to raise Malays' consciousness towards their rights and their future. The cartoons contained political, social, and economic criticism concerning the Malays, as well as humorous subjects.*[1]

1930-an. Karya-karya tersebut dilukis sama ada oleh beberapa pelukis tetap akhbar itu ataupun dikirim oleh para pembaca. Selain untuk hiburan, kartun-kartun tersebut berperanan sebagai senjata kritikan dan satira, selaras dengan dasar-dasar akhbar yang berusaha membangkitkan kesedaran bangsa dan memperjuangkan hak serta masa depan Melayu. Kartun-kartun tersebut menggarap tema-tema ekonomi dan sosiopolitik yang berkaitan dengan bangsa Melayu, di samping jenaka.[1]

Di samping menerbitkan kartun hasil lukisan kartunis tetapnya S. B. Ally, **Warta Jenaka** turut menerbitkan karya-karya kiriman para pembacanya. Kartun-kartun tersebut menggambarkan subjek-subjek berkaitan Melayu, seperti kemiskinan dan isu-isu kebudayaan seperti pengaruh budaya Barat dan kemodenan. Kartun juga mengkritik apa yang dianggap sikap buruk Melayu seperti tabiat suka berhutang, cuai, malas, dan malu. Sikap-sikap demikian disifatkan akhbar itu sebagai faktor-faktor yang menyebabkan kemunduran ekonomi Melayu. Isu-isu sosiopolitik semasa seperti penjajahan Inggeris serta kemasukan pendatang Cina dan India juga digambarkan secara meluas. Kartun-kartun ini mengingatkan orang Melayu akan penguasaan bangsa imigran ke atas kehidupan sosial dan ekonomi mereka. Orang Melayu diseru agar berusaha lebih gigih dan berdikari tanpa mengharapkan bantuan kerajaan. Kartun-kartun ini secara tersirat menggambarkan keadaan ekonomi Melayu pada dekad 1930-an.[2]

Besides publishing works by its regular cartoonist S. B. Ally, **Warta Jenaka** *received contributions from its readers. These cartoons portrayed Malay-related subjects, such as poverty, and cultural issues, for instance, the influence of Western culture and modernism. They also criticized so-called bad Malay attitudes like indebtedness, carelessness, laziness, and shyness which were denounced by the paper as some of the factors contributing to the Malays' backwardness in the economy. Local social and political issues, including British colonialism and the coming of Chinese and Indian immigrants, were widely depicted. The cartoons warned the Malays against the control exerted by the immigrants over their social life and economy. The Malays were urged to work harder and on their own, without depending on the government's help. Apart from that, the cartoons indirectly represented the economic condition of Malay society in the 1930s.[2]*

One of the major subjects in early cartoons was the effect of colonization on the way of life. Many cartoons recorded and criticized the influence of Western culture, especially on those who considered the western way of life more attractive.

For example, a cartoon by Abd Manan entitled "Barat Tinggal di Barat, Timur Tinggal di Timur" (The West Must Stay in the West, the East Must Stay in the East) in **Warta Jenaka** *of 7 September 1936 (Illustration 1) is not only an anti-Western statement, but it also criticizes those who are fascinated by the West. It shows a couple of monkeys symbolizing Malays who are aping Western attitudes. Like many other writings of the era, this cartoon serves as a reminder to the locals to be more*

Salah satu subjek utama kartun awal itu ialah kesan penjajahan ke atas gaya hidup masyarakat Melayu. Banyak kartun mengkritik orang Melayu yang terpengaruh dengan kebudayaan Barat, terutamanya mereka yang menganggap bahawa gaya hidup Barat lebih menarik daripada gaya hidup bangsa sendiri.

Sebagai contoh, kartun Abd Manan berjudul "Barat Tinggal di Barat, Timur Tinggal di Timur" (**Warta Jenaka**, 7 September 1936) (Ilustrasi 1) bukan sahaja berperanan sebagai suatu pernyataan anti-Barat, malahan ia juga turut mengkritik mereka yang terpengaruh dengan Barat. Karya tersebut menggambarkan sepasang monyet berpakaian Barat sebagai simbol Melayu yang kebaratan.

Utusan Zaman yang mula diterbitkan pada 5 November 1939 adalah versi Ahad akhbar **Utusan Melayu**, salah satu akhbar penting pramerdeka. Sasaran utama pembaca akhbar itu adalah orang Melayu. Tujuannya adalah untuk berkhidmat kepada bangsa, agama dan negara (Yusof Ishak, Mei 1949:3 dalam Roff, 1967:65). Kandungannya merangkumi usaha membangkitkan semangat kebangsaan Melayu sehinggalah kepada mengkritik orang bukan Melayu, termasuk Melayu berketurunan Arab.

Kartun mula diterbitkan dalam **Utusan Zaman** sejak keluaran sulungnya pada 1939. Dalam konteks ini, ia lebih ke hadapan jika dibandingkan dengan akhbar **Majlis** yang hanya mula menerbitkan kartun pada pertengahan tahun 1940-an, meskipun akhbar itu telah berada di pasaran sejak 1931 lagi. Malahan, bentuk persembahan kartun-kartun

Illustrasi / Illustration 1 :
Abd. Manan, *Warta Jenaka,*
7 September 1936, p.15.

Illustrasi /
Illustration 2a & 2b :
"Wak Ketok" by Ali
Sanat, *Utusan Zaman,*
12 November 1939,
p.2.

dalam akhbar **Majlis** banyak dipengaruhi oleh kartun-kartun **Utusan**, terutamanya dari segi penggunaan pantun,³ syair, dan ayat-ayat yang beritma dan berirama. Dalam konteks ini, kedua-dua akhbar memperlihatkan pertalian erat di antara sastera dengan kartun.

Kartun utama dalam **Utusan Zaman** ialah "Wak Ketok" (Ilustrasi 2), watak satira ciptaan Rahim Kajai yang diilustrasikan oleh Ali Sanat. Menurut A. Samad Ismail, salah seorang editor akhbar itu pada tahun 1930-an, Ali Sanat adalah peminat Kajai,⁴ jurnalis terkenal era itu. "Wak Ketok" yang merupakan salah satu watak kartun terawal dalam dunia kartun Melayu itu diterbitkan dalam **Utusan Zaman** sejak keluaran sulungnya pada 1939 hinggalah penggantungan penerbitan akhbar itu ekoran daripada kejatuhan Malaya kepada Jepun pada 1942.

Seperti seekor sumpah-sumpah, Wak Ketok memiliki pelbagai watak dan perangai yang boleh berubah-ubah mengikut keadaan dan suasana. Dia boleh disamakan dengan watak-watak dalam cerita-cerita jenaka Melayu seperti Pak Pandir, Si Lunchai, Pak Belalang, Pak Kaduk dan Lebai Malang, yang memiliki untung nasib yang pelbagai. Ada waktunya Wak Ketok disanjung, dan ada waktunya dia dihina. Ada waktunya dia menang, dan pada waktu yang lain dia digambarkan sebagai watak yang tewas. Pertalian antara watak Wak Ketok dengan Pak Pandir misalnya dapat dilihat dalam episod "Apa Punya Nasib" (**Utusan Zaman**, 7 Januari 1940: 18). Seperti watak Pak Pandir yang kelihatan kurang cerdik dibandingkan

aware of the bad influence of the West.

Utusan Zaman, which began publication on 5 November 1939, was the Sunday version of Utusan Melayu, another important paper of the pre-independence era. The target audience of Utusan Melayu was solely Malay. This was reflected in the paper's aim "to serve the `nation', the Muslim religion and the country" (Yusof Ishak, May 1949:3 in Roff, 1967:65). The contents varied from uplifting the spirit of Malay nationalism to criticizing the non-Malays, including the Malay-Arabs. In this context, the paper was meant to convey its message to a Malay readership.

Cartoons were published in Utusan Zaman since its first publication in 1939. In this respect, it was more advanced than Majlis, which only began publishing cartoons in the mid-1940s, even though it had been on the market since 1931. In fact, Majlis' cartoons were very much influenced by those of Utusan in terms of presentation, especially in the manipulation of pantuns³, poems, and rhymed or elaborate sentences. Both papers illustrate a close relationship between cartoon and literature.

It was in Utusan Zaman that "Wak Ketok," (Illustration 2a and 2b) a satirical character created by Rahim Kajai and illustrated by Ali Sanat, was widely used, employing Kajai's sarcastic style. According to A. Samad Ismail (one of the paper's editors in the 1930s), Ali Sanat "was a fan of Kajai,"⁴ who was considered the most prominent journalist of the era. "Wak Ketok," one of the earliest characters in Malay cartoons, appeared constantly in Utusan Zaman from its publication in 1939 until its demise because of the fall of Malaya to Japan in 1942.

dengan isterinya, Wak Ketok diperlakukan seperti seorang pembantu rumah oleh isteri mudanya yang begitu kemodenan. Dalam episod itu, si isteri berjalan penuh gaya di depan, sementara Wak Ketok berjalan di belakang sambil mengendong anak penuh kelohan. Secara tersirat, cerita Wak Ketok mengkritik gadis-gadis Melayu yang terlalu kebaratan. Dari segi persembahan watak, kisah seumpama ini memperlihatkan pertalian antara kartun awal dengan sastera tradisi dan cerita jenaka Melayu.

Antara tema-tema penting yang digarap "Wak Ketok" ialah tentang isu-isu sosial, ekonomi dan politik yang melibatkan bangsa Melayu, seperti semangat kebangsaan dan sikap Melayu sendiri. Umumnya banyak episod Wak Ketok yang didominasi oleh persoalan takrif Melayu dan perbalahan antara orang Melayu dengan Melayu kacukan terutamanya Melayu keturunan Arab.[5]

Kartun-kartun Ali Sanat mendominasi akhbar **Utusan Zaman** sebelum Perang Dunia Kedua. Waktu itu, akhbar itu semata-mata bergantung pada sumbangan kartunnya sehinggalah penutupannya akibat penaklukan Jepun. Di samping itu, Ali Sanat turut menghasilkan kartun-kartun politik yang menggarap isu-isu antarabangsa, terutamanya tentang Hitler. Apa bila **Utusan Zaman** diterbitkan kembali pada tahun 1945, ruangan pojok "Wak Ketok" telah digantikan dengan ruangan pojok "Hantu Wak Ketok" yang menampilkan skop yang lebih luas, termasuk isu-isu serantau dan antarabangsa. Tidak seperti ruangan sebelumnya, ia tidak diringi dengan apa-apa ilustrasi kartun

*Wak Ketok was depicted as a multifaceted and chameleon-like person who could change his personality and appearance according to the situation. Wak Ketok functioned like the other characters of Malay farcical tales that embody Malay humour, such as Pak Pandir, Si Lunchai, Pak Belalang, Pak Kaduk, and Lebai Malang. Wak Ketok adopted the characteristics of any of those characters according to the needs of the stories. For instance, in "Apa Punya Nasib" (What Luck) (**Utusan Zaman**, 7 January 1940:18), Wak Ketok was treated like a servant by his beautiful modern young wife. Such a story line is very much related to the tales of Pak Pandir and indicates a close relationship between early Malay cartoons and traditional literature. Among the important themes depicted in "Wak Ketok" are social, economic, and political issues concerning the Malays, such as Malay nationalism and Malay attitudes. Most of the series was dominated by the question of the definition of 'Malay' (Takrif Melayu) and the frictions between the pure Malays and the Malays of mixed blood, especially the Malay-Arabs.[5]*

*Ali Sanat and his cartoons dominated the cartoon scene in **Utusan Zaman** before the Second World War. During that period, the paper relied solely on his contribution for its cartoon illustrations until the paper closed down because of the Japanese occupation. Besides "Wak Ketok," Ali Sanat also did political cartoons on international issues, especially on the rise of Hitler. When **Utusan Zaman** reappeared in 1945, the satirical column "Wak Ketok" was replaced by another satirical column with a broader scope entitled "Hantu Wak Ketok" (The Ghost of Wak Ketok). Unlike its predecessor, this column was not illustrated*

kecuali karikatur kecil mewakili imejan Hantu Wak Ketok. Pendekatan ini kemudiannya mempengaruhi ruangan pojok "Antara Ana dengan Ante" dalam akhbar **Majlis**. Karikatur imaginasi mewakili penulisnya Tuan Haji Lunchai terletak pada permulaan ruangan tersebut. Walau bagaimanapun, watak yang dinamakan Hantu Wak Ketok itu muncul dalam beberapa isu siri kartun lerang "Jenaka" oleh M. Salehuddin yang mewarnai ruangan kartun **Utusan Zaman** selepas tamatnya siri Wak Ketok.

Kartun-kartun yang diterbitkan dalam akhbar **Majlis**[6] berperanan dalam pelbagai cara. Sesetengah kartun boleh disifatkan sebagai propaganda untuk menyatukan Melayu, sementara yang lain boleh dilihat sebagai suatu bentuk kritikan. Ada juga kartun yang cuma berperanan sebagai dokumentasi peristiwa-peristiwa sosiopolitik semata-mata. Pada tahun-tahun 1940-an, kartun-kartun dalam **Majlis** terus memainkan peranan dalam memperjuangkan nasib sosial, ekonomi dan politik Melayu dengan menggarap tema-tema berkaitan kesatuan Melayu dan semangat nasionalisma, terutamanya berhubung dengan pembentukan UMNO. Di samping itu, kartun juga menggambarkan isu-isu berkaitan penjajahan British, imigrasi orang-orang Cina dan India, komunisme, kemiskinan dan sikap orang-orang Melayu (Illustrasi 3).

Kartun-kartun **Majlis** lebih bersifat propaganda jika dibandingkan dengan kartun-kartun terbitan Warta Malaya Press. Pendekatan kartunis-kartunis **Majlis** lebih langsung dan terus terang, malahan sesetengah kartun kelihatan

by any cartoons, except for a small caricature meant to be the Ghost of Wak Ketok. Such a presentation then influenced the satirical column "Antara Ana dengan Ante" (Between Me and You), in **Majlis***, in which an imaginary caricature of the writer, Tuan Haji Lunchai, is placed at the beginning of the column. However, for several issues, the character of the Ghost of Wak Ketok appeared in a strip cartoon, "Jenaka" (Farce), by M. Salehuddin, which dominated the cartoon scene in* **Utusan Zaman** *after the demise of Wak Ketok.*

The cartoons published in **Majlis**[6] *functioned in several different ways. Some cartoons can be perceived as propaganda to unite the Malays, while others served as a form of criticism. There were also cartoons that functioned merely as documentations of socio-political events. In the 1940s,* **Majlis'** *cartoons nevertheless continued to serve Malay social, economic, and political causes by dealing with the themes of Malay unity and nationalism, especially regarding the formation of UMNO. In addition, they portrayed British colonialism, the issue of Chinese and Indian immigration, communism, Malay poverty, and Malay attitudes (Illustration 3).*

Majlis' *cartoons were more propagandistic in nature than those published by the Warta Malaya Press. The approach taken by* **Majlis'** *cartoonists was more direct, and some cartoons even looked like campaign posters for national unity. Most were supported by pantuns, poems, and rhymed or elaborate sentences. As in some earlier Malay cartoons, proverbs were also used to convey the message. Meanwhile, ordinary objects and images were manipulated as secondary symbols, replacing the animal*

seperti poster-poster kempen perpaduan nasional. Kebanyakan kartun disokong dan diiringi dengan pantun, syair, serta ayat-ayat panjang yang beritma dan berirama. Dalam beberapa kartun awal, peribahasa dan simpulan bahasa turut digunakan bagi menyampaikan maksud kartun. Sementara itu, imejan objek-objek harian seperti dacing, beca, dan cangkul digambarkan sebagai simbol sekunder, menggantikan imejan-imejan haiwan yang sebelumnya digunakan agak meluas dalam kartun-kartun **Warta Jenaka.**

Kartun Pascamerdeka

Suasana sosial, ekonomi dan politik Malaya memainkan peranan penting dalam mempengaruhi bentuk dan isi kartun Melayu selepas kemerdekaan pada 1957. Kartun turut dipengaruhi oleh sifat, pemilikan, sasaran pembaca dan dasar-dasar akhbar, di samping undang-undang serta dasar-dasar berkaitan penerbitan yang ditentukan oleh kerajaan. Tidak seperti kartun-kartun pramerdeka yang dengan terang-terangan mengkritik sasarannya, pendekatan para kartunis pascamerdeka adalah lebih sederhana, dalam lingkungan peraturan-peraturan serta budaya media massa sezaman.

Terdapat dua jenis kartun dalam akhbar-akhbar Melayu pascamerdeka, iaitu kartun lerang dan kartun satu bingkai. Kebanyakan kartun lerang menggambarkan tema-tema kekeluargaan, terutamanya tentang kehidupan

imagery which had been widely depicted in **Warta Jenaka***'s cartoons.*

Post-independence Cartoons

The social, economic, and political conditions of Malaya played a very important role in shaping the form and content of Malay cartoons after independence in 1957. This process was also influenced by the nature, ownership, target audience, and policies

Illustrasi / Illustration 3 :
Majlis, 23 November 1948, p.1.

berkeluarga dan perhubungan suami isteri. Dalam kartun-kartun seperti inilah isu-isu sikap, kemodenan dan krisis moral dibangkitkan kartunis. Sementara itu, isu-isu semasa tempatan dan global digambarkan dalam kartun satu bingkai. Dalam konteks ini, kartun-kartun tersebut disifatkan sebagai kartun editorial. Tidak seperti kartun lerang yang terbit secara tetap dalam akhbar-akhbar tempatan sejak kemerdekaan, kartun-kartun editorial cuma berkembang pesat dalam dekad 1980-an, meskipun genre itu telah lahir sejak 1930-an lagi.

Akhbar **Berita Harian** yang mula diterbitkan pada 1 Julai 1957 asalnya merupakan versi Melayu bagi akhbar Inggeris **The Straits Times.** Disasarkan kepada pembaca Melayu, kandungan akhbar itu meliputi berita-berita tempatan dan antarabangsa. Tidak seperti akhbar-akhbar sebelum merdeka yang begitu tertumpu kepada usaha mempertingkatkan semangat kebangsaan Melayu, kandungan akhbar **Berita Harian** lebih komprehensif, selaras dengan semangat negara yang baru merdeka.[7]

Sejak keluaran pertamanya, **Berita Harian** mempromosikan kartun dan komik sebagai tarikan utamanya. Akhbar itu menyebut bahawa ia merupakan akhbar yang paling banyak menyiarkan komik dan kartun di Malaya ketika itu. Ini jelas tertulis dalam halaman pertama isu sulung akhbar itu pada hari Isnin, 1 Julai 1957.

Berita Harian turut menerbitkan pelbagai kartun jenaka dalam ruangan "Mari Kita Ketawa" pada setiap hari Sabtu sejak 1 November 1958. Dalam usaha

of the newspapers, as well as the rules and policies implemented by the government. Unlike most pre-independence cartoons which directly criticized their victims, the approach of the post-independence ones was milder, within the boundaries of the regulations and culture of contemporary mass-media.

There are two types of cartoons in Malay newspapers of the post-independence era, namely, strip and single-frame cartoons. Most of the strip cartoons deal with social themes, especially family life and husband-wife relationships. It is in this type of cartoon that the issues of attitudes, modernization, and moral crisis are raised. Meanwhile, most local and international contemporary events are depicted in single-frames, which sometimes serve as editorial cartoons. Unlike strip cartoons which have appeared regularly in the papers since independence in 1957, single-frame editorial cartoons only began to thrive in the 1980s, even though the genre had started to appear in the 1930s.

*Berita Harian, which began publication on 1 July 1957, was originally the Malay version of the English-language newspaper, **The Straits Times.** Aimed at a Malay readership, the paper's contents covered local and international news. Unlike most pre-independence papers which concentrated on uplifting the spirit of Malay nationalism, **Berita Harian** was more comprehensive in its approach, aligned with the spirit of a new nation, especially after independence.7*

*From its first issue, **Berita Harian** promoted cartoons and comics as major attractions. The paper claimed to feature the largest number of comics among newspapers in Malaya at*

mempromosikan kartun Melayu, ia menjadi akhbar pertama di negara ini yang menganjurkan pertandingan melukis kartun untuk pembacanya. Iklan pertandingan itu tersiar dalam ruangan "Ketawalah" pada 13 Disember 1958 dengan diiringi penerangan panjang lebar mengenai humor dalam kartun yang menjadi kriteria utama dalam menentukan pemenang pertandingan itu. Di samping penerangan itu, iklan itu turut memberi garis panduan melukis untuk pembaca, misalnya arahan menggunakan dakwat hitam di

Illustrasi / Illustration 4 :
Cartoon by Peng, *Berita Harian,* **7 September 1957, p.6.**

*that time (**Berita Harian**, Monday, 1 July 1957:1).*

*In addition to these comics and cartoons, **Berita Harian** published various imported slapstick cartoons in its column, "Mari Kita Ketawa" (Let's Laugh), published every Saturday after 1 November 1958. It promoted Malay cartoons by becoming the first paper in Malaya to organize a cartoon competition for its readers. The invitation to the competition was published in the column, "Ketawalah," on 13 December 1958. The advertisement was accompanied by a long description of humor in cartoons, which served as the major criterion in the choice of the winner of the competition.*

*Besides publishing translated strip cartoons and comics from the West, **Berita Harian** featured editorial cartoons by Peng, every Saturday from 1957 to 1958, in a weekly column called, "Berita Harian Hidangan Hari Sabtu" (Berita Harian's Saturday Column) (Illustration 4). Translated from English, these cartoons were originally drawn for the "Straits Times Saturday Forum" in the **Straits Times**, the English version of **Berita Harian**. Sometimes, Peng's cartoon was replaced by those of the famous English editorial cartoonist, David Low, translated into Malay; that appeared at the same time in both newspapers.*

*Peng's cartoons are the earliest works by an editorial cartoonist in a Malay newspaper after independence. After the disappearance of Peng's cartoons from **Berita Harian** in late December 1958,[8] it was only in the 1980s that the tradition re-emerged in **Berita Harian** and **Berita Minggu,** through the works of Lat, Zoy, Abib, and Zunar. However, strip cartoons, which were introduced in **Berita Harian** by Raja Hamzah*

atas kertas putih tebal. Pemenang pertama pertandingan itu diumumkan pada 27 Disember 1958, dan agak menarik kerana kebanyakan pemenang pertandingan yang menawarkan hadiah sepuluh ringgit itu dimenangi oleh anggota tentera.

Di samping kartun-kartun lerang terjemahan dari Barat, **Berita Harian** turut menyiarkan kartun-kartun editorial oleh Peng setiap Sabtu dalam ruangan "Berita Harian Hidangan Hari Sabtu" dari tahun 1957 hingga 1958 (Illustrasi 4). Diterjemahkan dari Inggeris, kartun-kartun tersebut asalnya dilukis untuk terbitan akhbar the **Straits Times**, iaitu versi Inggeris **Berita Harian** dalam ruangan "Straits Times Saturday Forum." Pada waktu-waktu tertentu, kartun Peng digantikan dengan kartun editorial oleh

through his series "Keluarga Mat Jambul" (Mat Jambul's Family) (Illustration 5) appeared regularly, and the same theme was developed by Lat in his most celebrated series, "Keluarga Si Mamat" (Mamat's Family), in 1968.

On 10 July 1960, the Straits Times Press Ltd., the publisher of **Berita Harian**, *inaugurated a Sunday edition,* **Berita Minggu**. *From 1960 to 1968, its cartoon and comic scenes were dominated by Raja Hamzah's works, until the emergence of Lat in 1968 with his "Mamat's Family." In 1972, "Mat Dalang," (Illustration 6) a series of single-frame cartoons by Lazuardi, made its appearance in* **Berita Minggu**. *Besides daily issues, it commented on artistic and literary activities in the country. Besides these local cartoons and comics,* **Berita Minggu** *continuously published foreign works between 1960 and 1972.*

Keluarga Mat Jambul

Illustrasi / Illustration 5 :
"Keluarga Mat Jambul"
by Raja Hamzah,
Berita Harian,
14 May 1961, p.6.

kartunis Inggeris terkenal David Low. Diterjemahkan ke bahasa Melayu, kartun Low terbit dalam kedua-dua akhbar pada hari yang sama.

Karya-karya Peng merupakan kartun editorial terawal yang disiarkan oleh akhbar Melayu selepas merdeka. Selepas penamatan terbitan karya-karya Peng dalam **Berita Harian** pada akhir Disember 1958,[8] cuma pada tahun-tahun 1980-an tradisi kartun editorial muncul kembali dalam akhbar-akhbar **Berita Harian** dan **Berita Minggu** menerusi karya-karya Lat, Zoy, Abib dan Zunar. Menurut A. Samad Ismail, penamatan karya Peng adalah kerana tema dan subjeknya terlalu berkisar kepada nilai dan kehidupan di Singapura, yang mana tidak lagi sesuai dengan cita rasa pembaca-pembaca **Berita Harian** yang umumnya tinggal di kampung. Tambahan pula, **Berita Harian** telah berpindah ke Kuala Lumpur, dan ini menyukarkan untuk berhubung dengan Peng yang tinggal di Singapura. Di samping itu, Peng tidak begitu prihatin dengan pemikiran Melayu (8 Januari 1996).

Berbeza daripada kartun editorial yang cuma muncul kembali pada dekad 1980-an, siri kartun lerang yang mula diterbitkan dalam **Berita Harian** sejak isu sulungnya menerusi karya Raja Hamzah berjudul "Keluarga Mat Jambul" (Ilustrasi 5) terbit berterusan. Tema kekeluargaan seperti itu kemudiannya dikembangkan oleh Lat dalam siri popularnya "Keluarga Si Mamat" pada tahun 1968.

Pada 10 Julai 1960, the Straits Times Press Ltd. menerbitkan **Berita Minggu**, edisi Ahad bagi **Berita Harian**.

Illustrasi / Illustration 6 :
Cartoon by Lazuardi,
Berita Minggu, **18 June 1972, p.4.**

After 1973, they carried only local works by Lat, Lazuardi, and Raja Hamzah. According to A. Samad Ismail, the termination of foreign cartoons and comics was in line with the policy of the paper to encourage the development of local themes and cartoons (8 January 1996). Besides, it echoed the search for a national identity as proposed in the National Cultural Congress of 1971.

Meanwhile, Utusan Melayu Press remained the biggest publisher of Malay newspapers after independence. It continued to publish the Malay newspapers in Jawi which it had established

Sejak tahun 1960 hingga 1968, ruangan kartun akhbar itu didominasi oleh karya-karya Raja Hamzah, hinggalah kemunculan Lat dengan siri "Keluarga Si Mamat" pada tahun 1968. Pada 1972, Lazuardi memulakan siri kartun satu bingkai berjudul "Mat Dalang" (Ilustrasi 6) dalam **Berita Minggu**. Di samping isu-isu semasa, siri itu turut menyentuh aktiviti-aktiviti kesenian dan kesusasteraan di negara ini. Di samping siri kartun tempatan ini, **Berita Minggu** terus menerbitkan kartun luar negara antara tahun 1960 dan 1972. Selepas tahun 1973, akhbar itu cuma menerbitkan karya kartun tempatan oleh Lat, Lazuardi dan Raja Hamzah. Menurut A. Samad Ismail, penamatan siri kartun dan komik luar itu selaras dengan dasar akhbar yang ingin menggalakkan perkembangan tema dan kartun tempatan (8 Januari 1996). Di samping itu, usaha mengetengahkan tema dan bentuk tempatan pastinya mencerminkan suatu pencarian identiti nasional sebagaimana yang disarankan dalam Kongres Kebudayaan Kebangsaan pada 1971.

Utusan Melayu Press kekal sebagai penerbit terbesar akhbar Melayu selepas merdeka dengan terus menerbitkan akhbar-akhbar jawi **Utusan Melayu** dan **Utusan Zaman** yang telah berada di pasaran sejak 1939 lagi. Pada tahun 1964, ia menerbitkan akhbar mingguan rumi **Mingguan Malaysia**, dan akhbar harian **Utusan Malaysia** pada tahun 1967.

Jika kartunis Peng memulakan tradisi kartun editorial dalam **Berita Harian** selepas merdeka, bagi **Utusan Zaman**

كمداءين باكسي تڠكو

Illustrasi / Illustration 7 :
Cartoon by Rahim, *Utusan Zaman*, 3 March 1963, p.3.

*in 1939, **Utusan Melayu** and **Utusan Zaman**. In 1964, it started a new Romanized Malay weekly called **Mingguan Malaysia**, which began daily issues as **Utusan Malaysia** in 1967.*

*If Peng started the tradition of editorial cartoons for **Berita Harian** after independence, for **Utusan Zaman**, this type of work was spearheaded by Rahim, a reader who contributed seven single-frame cartoons on the Indonesia-Malaysia Confrontation between January and March 1963 (Illustration 7). Apparently, those were the only local cartoons published by Utusan Melayu Press between 1961 and 1966, before such cartoonists as Razali MHO, Rejabhad, Mishar, Shukorlin, and Rizalman made names for themselves in the world of Malay cartoons through **Utusan***

ia dipelopori oleh Rahim, pembaca yang menyumbangkan tujuh karya kartun satu bingkai antara Januari dan Mac 1963 (Ilustrasi 7) mengenai isu konfrontasi antara Indonesia dan Malaysia. Malahan, hanya itu sahajalah kartun-kartun tempatan yang diterbitkan Utusan Melayu Press antara tahun 1961 dan 1966, sebelum kemunculan kartunis-kartunis lain seperti Razali MHO, Rejabhad, Mishar, Shukorlin dan Rizalman dalam **Utusan Zaman.** Karya mereka yang mendominasi akhbar itu pada dekad 1970-an menggarap tema-tema jenaka, sosial dan politik. Pada 1976, Nan muncul sebagai kartunis terpenting Utusan Melayu Press, menerusi karya-karya editorial satu bingkai (Ilustrasi 8) dan siri kartun lerang "Din Teksi" dalam **Mingguan Malaysia** dan "Barber's Corner" dalam **Utusan Malaysia.** Nan dianggap oleh ramai sebagai jawapan Utusan kepada Lat di New Straits Times Press.

Tidak seperti kartun lerang yang terbit secara tetap dan berterusan dalam akhbar sejak merdeka, kartun editorial, sebagaimana disebut sebelum ini, cuma mula popular dalam tahun-tahun 1980-an menerusi karya-karya Lat, Nan, Zoy, Zunar dan Rossem, meskipun genre itu telah muncul dalam **Berita Harian** menerusi karya-karya Peng (1957-1958) dan beberapa keluaran **Utusan Zaman** (1963) menerusi karya-karya Rahim. Hal demikian berlaku kerana negara memang ketandusan kartunis dan profesion kartunis belum dilihat sebagai suatu entiti penting dalam dunia media tempatan ketika itu.

Di samping akhbar dan komik, kartun turut

*Zaman. Most of their works that dominated the 1970s depicted humorous, social, and political scenes. In 1976, Nan emerged as the most important cartoonist of Utusan Melayu Press, with single-frame editorial cartoons (Illustration 8), as well as strip cartoon series, such as "Din Teksi" in **Mingguan Malaysia** and "Barber's Corner" in **Utusan Malaysia**. Nan is considered by many to be Utusan's answer to the New Straits Times Press' Lat.*

*Unlike strip cartoons which appeared continuously in the papers since independence, editorial cartoons, as indicated earlier, only started to become popular in the 1980s through the works of Lat, Nan, Zoy, Zunar, and Rossem, even though such a tradition had appeared in **Berita Harian** since 1957-1958, with Peng, and for several issues of **Utusan Zaman** in 1963, with Rahim.*

In addition to newspapers and comics, cartoons were also published in entertainment magazines in the 1960s and 1970s. Readers sent cartoons dealing with humorous subjects taken from the entertainment world and daily life. As honorarium, contributors received movie tickets for their drawings.

Contemporary Cartoons

The context in which contemporary cartoonists do their work is relatively different from the pre-independence period, as a consequence of government policies and newspaper ownership.[9] Cartoonists have been avoiding sensitive subjects which might hurt the feelings of any ethnic group. Malay cartoonists have to abide by the rules and laws related to the Printing Presses and

diterbitkan dalam majalah-majalah hiburan pada tahun-tahun 1960-an dan 1970-an. Kartun-kartun yang menggarap tema-tema hiburan dan kehidupan seharian itu dilukis dan dikirimkan oleh para pembaca majalah. Sebagai saguhati, setiap karya yang diterbitkan akan dihadiahkan tiket wayang.

Seni Lukis Kartun Kontemporari

Persekitaran serta konteks penghasilan kartun kontemporari pada dasarnya berbeza daripada era pramerdeka ekoran daripada dasar-dasar kerajaan dan pemilikan akhbar.[9] Akhbar-akhbar arus perdana seperti **Berita Harian, Berita Minggu, Harian Metro, Utusan Malaysia, Mingguan Malaysia,** dan **Utusan Melayu** terus dimiliki oleh dua syarikat penerbitan terbesar di negara ini. Tiga yang pertama diterbitkan oleh New Straits Times (NSTP), sementara tiga lagi diterbitkan oleh Utusan Melayu (Malaysia) Sdn. Bhd. Menurut Zaharom Nain, kedua-dua syarikat ini umumnya dikuasai oleh kumpulan-kumpulan yang ada hubungan rapat dengan parti pemerintah (Oktober 1994:182-185). Justeru itu, tidak hairanlah jika kandungan serta kartun-kartun editorial dalam akhbar-akhbar berkenaan menyokong kerajaan dengan

Publication Act, which among others, prevents the discussion of social and political issues deemed to be "sensitive."[10] These policies determine what is politically and stylistically acceptable in terms of criticism, form, and content of Malay cartoons.

In 1978, the first Malaysian cartoon magazine Gila-Gila was published by Creative Enterprise Sdn. Bhd. The success of

Illustrasi / Illustration 8 :
Cartoon by Nan, "Malaysia Kita",
Utusan Zaman, **8 June 1991**

mempromosi serta memperjelaskan dasar-dasarnya kepada masyarakat pembaca.

Di samping pengaruh daripada pemilikan akhbar, kartunis kontemporari juga menghindarkan subjek-subjek yang dianggap sensitif dan boleh menyentuh perasaan mana-mana etnik di negara ini. Dalam konteks ini, kartunis Melayu akur serta mematuhi peraturan-peraturan yang ditentukan dalam Akta Mesin Cetak dan Penerbitan yang antara lain melarang perbincangan isu-isu sosial dan politik yang disifatkan sebagai "sensitif" (Sila lihat *Printing Presses and Publications Act, 1984*:5). Justeru itu, dasar-dasar ini secara tidak langsung menjadi penentu kepada gaya, makna dan bentuk kritikan kartun Melayu.

Pada tahun 1978, majalah katun Malaysia yang pertama iaitu *Gila-Gila* telah diterbitkan oleh Creative Enterprise Sdn. Bhd. Kejayaan *Gila-Gila* telah menggalakkan penerbitan majalah-majalah kartun lain seperti *Gelihati, Mat Jenin, Humor, Batu Api, Telatah,* dan *Relek*. Pada awalnya, kebanyakan majalah tersebut dipengaruhi oleh majalah-majalah humor Barat seperti *Mad* dan *Crazy,* sebelum mereka menemui identiti mereka sendiri yang mencerminkan budaya tempatan. Penerbitan banyak majalah kartun, kemunculan lebih banyak kartunis baru, pameran dan sokongan khalayak serta kerajaan terhadap aktiviti-aktiviti berteraskan kartun menjadikan dekad lapan puluhan sebagai era keemasan dunia kartun Malaysia. Pada tahun 1983, pameran kartun pertama telah diadakan di Galeri Tun Seri Lanang Universiti Kebangsaan Malaysia

Gila-Gila encouraged the publication of many other cartoon magazines such as Gelihati, Mat Jenin, Humor, Batu Api, Telatah, *and* Relek. *At the beginning, most of them were inspired by western magazines such as* Mad *and* Crazy, *before they gained their own identities that reflected the local culture. The increase in the number of cartoon magazines, the emergence of new cartoonists, the exhibitions and the support given by the public and by the government turned the eighties into the golden age of Malaysian cartoons. In 1983, the first Malaysian cartoon exhibition was held at the Tun Seri Lanang Gallery in Universiti Kebangsaan Malaysia. This was followed by many other exhibitions which became the meeting ground for the cartoonists and their fans.*

The 1990s saw the publication of more cartoon magazines and the number has increased steadily. In October 2002, there are more than a dozen different cartoon magazines in the market. They are Gila-Gila, Ujang, Apo, Gempak, X-Ray, Mangga, Solehin, Bip, Kawan, Anak-anak Sidek, Batu Api, Pior, Politik Kedai Kopi (PKK), Utopia, 1001 Gila, Lanun, Keluang Man, *and* Hebat. *This factor indicates that cartoon has a special place in Malaysian society.*

Apart from the publication of cartoon magazines, one of the most important historical events in the development of Malaysian cartoon was the formation of the Malaysian Cartoonists' Association on 24 August 1990. Among the cartoonists who formed the protem committee were Muliyadi Mahamood (President), Zunar (Secretary), Mali (Treasurer), Raz, Rejabhad, Rossem, Don, Lat, and Aman. The registration of the

dan diikuti oleh lebih banyak pameran lain yang menjadi gelanggang pertemuan kartunis dan peminat mereka.

Dekad 1990-an menyaksikan lebih banyak majalah kartun diterbitkan dan jumlah itu meningkat dari semasa ke semasa. Pada bulan Oktober 2002, terdapat lebih dua belas judul majalah kartun di pasaran tanah air, iaitu *Gila-Gila, Ujang, Apo, Gempak, X-ray, Mangga, Solehin, Bip, Kawan, Anak-anak Sidek, Batu Api, Pior, Politik Kedai Kopi (PKK), Utopia, 1001 Gila, Lanun, Keluang Man,* dan *Hebat.* Hal ini menunjukkan bahawa kartun memiliki tempat yang istimewa di kalangan masyarakat Malaysia.

Di samping penerbitan pelbagai majalah kartun, salah satu peristiwa penting dalam perkembangan kartun Malaysia pada dekad 1990-an ialah penubuhan Persatuan Kartunis Malaysia pada 24 Ogos 1990. Antara kartunis yang menganggotai Jawatankuasa Penaja ialah Muliyadi Mahamood (Presiden), Zunar (Setiausaha), Mali (Bendahari), Raz, Rejabhad, Rossem, Don, Lat, dan Aman. Pendaftaran persatuan itu telah disahkan oleh Pendaftar Pertubuhan Malaysia pada 25 September 1991, dengan nama PEKARTUN.

Objektif-objektif PEKARTUN adalah untuk memperkukuhkan perhubungan di antara kartunis, menggalakkan perkembangan kartun, mempertingkatkan status moral dan material kartunis, serta membantu kerajaan serta masyarakat mengenai hal-hal berkaitan kartun. Untuk mencapai objektif-objektifnya, persatuan itu menganjurkan pelbagai aktiviti seperti pameran, forum

association was approved by the Malaysian Registrar of Associations on 25 September 1991, under the name PEKARTUN.

The objectives of PEKARTUN are to strengthen relationships among the cartoonists, to encourage the development of cartoons, to improve the moral and material status of cartoonists, as well as to assist the government and the public on matters regarding cartoons. In order to achieve these objectives, the association organizes various activities such as exhibitions, forums and seminars. In addition to the formation of PEKARTUN, the first Malaysian International Cartoonists Gathering also marked another important event in the history of Malaysian cartoon in 1990. The programme which was organized by Lat's Kampung Boy Sdn. Bhd. gathered 15 cartoonists from Thailand, Singapore, Indonesia, the Netherlands, Japan, the Philippines, USA, France, Australia, China, and Malaysia, in a symposium and exhibition.

In addition to the printed media, cartoons also appear in the form of animation. The history of Malaysian animated cartoons is relatively young, even though animation has been used in the making of Malay movie titles since the mid-1940s. It was only in the late 1970s, through the efforts of Filem Negara (The National Film Agency), a government body under the Information Department, that the first animated cartoon was produced. The 13-minute story entitled Hikayat Sang Kancil (The Story of Mousedeer) *(1978) was produced for television. The 1990s saw that more animated cartoons being produced by local animation studios, which shows that animation has become a new popular medium of cartoon expression. This aspect will be*

dan seminar. Di samping penubuhan PEKARTUN, Pertemuan Kartunis Antarabangsa Malaysia yang pertama pada tahun 1990 juga merupakan salah satu peristiwa penting dalam sejarah kartun tanah air. Program yang telah dianjurkan oleh Lat's Kampung Boy Sdn. Bhd. itu telah menemukan 15 orang kartunis dari Thailand, Singapura, Indonesia, Belanda, Jepun, Filipina, Amerika Syarikat, Perancis, Australia, China, dan Malaysia menerusi simposium dan pameran.

Di samping media cetak, kartun juga muncul dalam bentuk animasi. Sejarah kartun animasi Malaysia memang masih muda, meskipun animasi sudah mula digunakan dalam pembikinan judul filem Melayu sejak pertengahan tahun 1940-an lagi. Animasi kartun pertama di negara ini telah dihasilkan oleh Filem Negara pada akhir tahun 1970-an. Cerita *Hikayat Sang Kancil* (1978) sepanjang 13 minit itu dihasilkan untuk penyiaran televisyen. Dekad 1990-an menyaksikan lebih banyak siri animasi kartun dihasilkan oleh studio tempatan, justeru mencerminkan bahawa animasi merupakan suatu bentuk medium ekspresi kartun popular yang baru.

Secara umumnya, bentuk dan makna seni kartun pada dekad 1990-an berbeza daripada kartun-kartun pramerdeka, tambahan pula, kejenakaannya lebih sederhana. Tema-tema kebudayaan yang diketengahkan lebih menjurus kepada sifat masyarakat yang multibudaya serta isu-isu global, bukannya tertumpu kepada sesuatu kumpulan etnik atau kumpulan masyarakat yang khusus. Kartunis-kartunis

further discussed in the later part of this essay.

Generally, cartoons in the 1990s are different in form and content from those of the pre-independence era. The sense of humour is subtler. The cultural themes portrayed deal with the nature of a multi-racial society and international issues rather than focusing on only one specific ethnic group or society. Cartoonists such as Lat, Rejabhad, Jaafar Taib, Nan, Zoy, Zunar, Zainal Buang Hussein, Rossem, Reggie Lee, and C. W. Kee are well-known and accepted by Malaysian society. Due to the social, political and economic stability of this country, publication policies, as well as the Printing Presses and Publication Acts, Malaysian cartoons had become less aggressive.

Malaysian Cartoon Magazines

Malaysian cartoon magazines have developed rapidly since the first publication of Gila-Gila in 1978. As mentioned earlier, at the beginning they were influenced by such western cartoon magazines as Mad *and* Crazy *until they found their own local identities. Gila-Gila has a tremendous influence on other magazines, especially in terms of its format, presentation and contents in general. It is composed mostly of strip cartoons combined with several editorial cartoons, mainly on international issues, humorous short stories and anecdotes, as well as articles and news on cartoon and cartoonists. At the beginning, Gelihati was its main rival until the publication of* Mat Jenin, Batu Api *and* Telatah. *Cartoons in these magazines depicted slapstick humour and humorous aspects of daily life activities. However,*

seperti Lat, Rejabhad, Jaafar Taib, Nan, Zoy, Zunar, Zainal Buang Hussein, Rossem, Reggie Lee, dan C. W. Kee secara umumnya popular dan dikenali ramai dalam konteks masyarakat Malaysia. Berdasarkan kestabilan sosial, politik, dan ekonomi, serta dasar-dasar penerbitan, dan Akta Penerbitan dan Mesin Cetak, seni kartun Malaysia menjadi kurang agresif.

Majalah Kartun Malaysia

Perkembangan majalah kartun Malaysia semakin rancak sejak terbitnya majalah *Gila-Gila* pada tahun 1978. Pada peringkat awal, majalah-majalah ini dipengaruhi oleh majalah-majalah kartun Barat seperti *Mad* dan *Crazy* sehingga mereka menemui identiti tempatan. *Gila-Gila* mempengaruhi majalah-majalah kartun tempatan yang lain, terutamanya dari segi format, persembahan dan kandungan. Secara umumnya ia mengandungi kartun lerang serta beberapa kartun editorial, terutamanya mengenai isu global, cerita-cerita jenaka, serta makalah mengenai kartun dan kartunis. Pada awalnya, *Gelihati* merupakan saingan utamanya sehinggalah muncul majalah-majalah lain seperti *Mat Jenin, Batu Api* dan *Telatah*. Kartun dalam majalah-majalah ini menampilkan unsur-unsur kejenakaan berdasarkan kehidupan seharian. Namun begitu, kepelbagaian kartun dan makalah dalam *Gila-Gila* serta kesesuaiannya dengan pelbagai tahap pembaca memungkinkan ia muncul sebagai majalah yang paling

Gila-Gila's variety of cartoons and articles made it more successful than the others as it was suitable for various types of readers rather than only for teenagers. Besides, the fact of being the first one to be published has helped the magazine to attract more fans than the other magazines.

In the late 1990s, most of Gila-Gila's early competitors ceased publication due to low readership, the economic turndown, and the emergence of many other interesting magazines. Since the humour of one magazine seems to duplicate the others, readers tended to choose and buy only the most attractive one. In this context, the publishers have had to be creative enough in order to attract their readers. Cartoon magazines in the late 1990s seemed to be created for a specific readership with a specific theme. This is the new trend for cartoon magazines now. For instance, Cabai *revolves around the theme of women;* Ujang *is more suitable for teenagers;* Lanun *deals with religion as a theme;* Gempak *projects various aspects of cartoons including animation, illustration, and foreign cartoons; while* Mangga *focuses on the local entertainment scene by printing photos of popular local singers and film stars. In addition, there are also cartoon magazines which are directly associated to certain music groups, such as* Senario, *or to animated cartoon series such as* Usop Sontorian *and* Keluang Man. *The cartoonists from Ujang took this a step further by producing a television series entitled* Ujang Siri Tvlah Pulak *on the local satellite channel ASTRO based on their cartoon characters. In this programme, the cartoonists act in sketches that are based on their strips and also transform some of the strip characters into animation. The late 1990s saw*

berjaya. Di samping itu, hakikat bahawa ia merupakan majalah kartun yang pertama telah memungkinkan ia menarik lebih banyak pembaca jika dibandingkan dengan majalah-majalah lain.

Pada akhir dekad 1990-an, kebanyakan saingan *Gila-Gila* telah terhenti penerbitannya kerana bilangan pembaca yang rendah, kegawatan ekonomi, serta kemunculan lebih banyak majalah-majalah yang lebih menarik. Oleh kerana jenaka dalam satu majalah hampir sama dengan majalah-majalah yang lain, pembaca memilih untuk membeli yang paling menarik. Majalah-majalah kartun pada akhir dekad 1990-an secara umumnya diterbitkan untuk pembaca sasaran serta tema yang khusus. Contohnya, majalah *Cabai* berkisar pada tema wanita; *Ujang* untuk remaja; *Lanun* berkisar pada tema keagamaan; *Gempak* menampilkan pelbagai aspek kartun seperti animasi, ilustrasi dan kartun global; sementara *Mangga* memfokus kepada dunia hiburan tempatan dengan menampilkan gambar-gambar penyanyi dan pelakon popular tempatan. Di samping itu, terdapat juga majalah kartun yang berhubung langsung dengan kumpulan penghibur tertentu, seperti *Senario*, ataupun majalah-majalah mengenai siri animasi kartun tertentu seperti *Usop Sontorian* dan *Keluang Man.* Kartunis-kartunis majalah *Ujang* memperluaskan pendekatan mereka dengan menghasilkan siri jenaka untuk televisyen berdasarkan watak-watak kartun bertajuk *Ujang Siri Tvlah Pulak* yang ditayangkan oleh ASTRO. Dalam program itu, kartunis melakonkan sketsa berdasarkan karya mereka dan

the unification of printing and electronic media in promoting local cartoons.

Malaysian Animated Cartoons

The first Malaysian animated cartoon was produced in 1978 by Filem Negara (The National Film Agency). The 13-minute story entitled Hikayat Sang Kancil (The Story of Mousedeer) *was produced for television. In the early 1980s, Filem Negara produced another four short animated cartoons, namely* Hikayat Sang Kancil dan Buaya (The Story of Mousedeer and Crocodile) (1984), Sang Kancil dan Monyet (Mousedeer and Monkey) (1984), Gagak Yang Bijak (The Clever Crow) (1984), and Singa Yang Haloba (The Greedy Lion) (1985), *which were all shown on Malaysian television. After these, it was only in the mid-1990s that the production of Malaysian animated cartoons started again, and in fact, it has been developing quite rapidly in recent years.*

Among others, the promising local and international markets for animation, the growing interest in cartoons in general, the emergence of more animation companies, as well as the confidence instilled by the government's support for new projects have contributed to the rapid expansion of the Malaysian animated cartoon industry.

Generally, there are four major themes in Malaysian animated cartoons, namely folk tales, scenes of daily life, fantasy, and super hero adventures. Among the folk tales depicted in cartoons are those illustrated by Filem Negara such as The

memindahkan beberapa watak dalam bentuk animasi. Akhir dekad 1990-an menyaksikan penyatuan media cetak dan elektronik dalam mempromosikan kartun tempatan.

Animasi Kartun Malaysia

Filem Negara telah merintis pembikinan filem kartun animasi pertama menerusi cerita *Hikayat Sang Kancil* pada tahun 1978. Filem sepanjang tiga belas minit itu diterbitkan untuk televisyen. Di samping itu, animasi digunakan dalam iklan-iklan televisyen dan pawagam serta kempen-kempen kerajaan sejak tahun 1960-an. Pada tahun 1980-an, Filem Negara telah menghasilkan empat lagi kartun animasi pendek untuk televisyen berjudul *Sang Kancil dan Monyet* (1984), *Gagak Yang Bijak* (1984), *Singa Yang Haloba* (1985) dan *Hikayat Sang Kancil dan Buaya* (1987). Selepas itu, cuma pada pertengahan tahun 1990-an pembikinan filem kartun animasi hidup kembali di negara ini dan malahan perkembangannya agak rancak hingga sekarang.

Antara lain, kemunculan semula kegiatan ini ada hubungannya dengan faktor-faktor seperti permintaan pasaran tempatan dan antarabangsa yang memberangsangkan, peningkatan minat masyarakat terhadap kartun secara umumnya, kemunculan lebih banyak syarikat animasi, kemajuan teknologi komputer grafik, serta sokongan kerajaan sama ada dari segi moral mahupun material.

Secara umumnya terdapat empat tema utama dalam

Story of Mousedeer. *Ujang's* Usop Sontorian *and Lat's* Kampung Boy *can be grouped under the category of scenes of daily life, the adventures of super heroes correspond to* Keluang Man, *whereas fantasy includes* Yokies *and* Sang Wira. *In addition to these television series, the first Malaysian animated feature entitled* Silat Lagenda *was produced in 1998. Apart from constituting a turning point in the history of Malaysian animated cartoons, the film also signals the rise of a great confidence in the prospect of animation as a commercial and communication medium in the Malaysian film industry.*

Malaysian Editorial Cartoons

The form and content of Malaysian editorial cartoons are determined by the economic and sociopolitical condition of the country, newspaper ownership, the existence of the Printing Presses and Publication Act as well as self-censorship. As a consequence of government policies and newspaper ownership, the context in which contemporary cartoonists work is relatively different from the pre-independence period. In line with the government's claim to promote racial harmony, cartoonists in the 1990s avoided sensitive subjects which might hurt the feelings of any ethnic group. Malaysian cartoonists have to abide by the rules and laws related to the Printing Presses and Publication Act, which prevents among others, the discussion of social and political issues deemed to be "sensitive". In this context, this act, together with Malaysian cultural values and newspaper ownership determine what is politically and stylistically

animasi kartun Malaysia, iaitu cerita rakyat, kehidupan seharian, cerita fantasi, dan pengembaraan *super hero*. Antara cerita rakyat yang dihasilkan oleh Filem Negara ialah *Hikayat Sang Kancil*. Kisah kehidupan seharian boleh dihayati dalam *Usop Sontorian*, *Kampung Boy* dan *Anak-anak Sidek*. *Keluang Man* pula boleh diletakkan dalam kategori *super hero*, dan antara cerita-cerita fantasi ialah *Yokies* dan *Sang Wira*. Di samping siri televisyen, filem cereka animasi Malaysia yang pertama berjudul *Silat Lagenda* telah dihasilkan pada tahun 1998. Di samping mencatatkan sejarah penting dalam perkembangan sejarah animasi kartun Malaysia, filem tersebut mencerminkan keyakinan terhadap prospek animasi sebagai salah satu medium komersil dan komunikasi yang penting dalam industri perfileman Malaysia.

Kartun Editorial Malaysia

Bentuk dan makna kartun editorial Malaysia dipengaruhi oleh faktor-faktor ekonomi dan sosiopolitik negara, pemilikan akhbar, kewujudan Akta Mesin Cetak dan Penerbitan serta penafisan diri. Ekoran daripada dasar-dasar kerajaan serta pemilikan akhbar, kartunis kontemporari berkarya dalam ruang dan suasana berbeza jika dibandingkan dengan para kartunis pramerdeka. Sejajar dengan dasar-dasar kerajaan untuk menggalakkan semangat perpaduan kaum, para kartunis pada dekad 1990-an mengelakkan diri daripada melukis subjek-subjek yang

acceptable in terms of the form and content of Malaysian cartoons. As a result, Malaysian editorial cartoonists in the 1990s were more interested in depicting socioeconomic rather than political issues as the former are deemed to be less controversial. The form and content of Malay editorial cartoons however took a new shape in the late 1990s as a consequence of the sociopolitical situation in the country. Such cartoonists as Zunar, Rossem, Brain, and Asrie publish strong and aggressive cartoons attacking government's leaders and policies in opposition magazines and newspapers, namely Detik *and* Harakah. *Published anthologies of their works have been well-received by the public. On the other hand, such cartoonists as Juragan, Miki, and Zoy, who are working in the mainstream newspapers namely* New Straits Times, Utusan Malaysia *and* Berita Minggu, *publish cartoons that criticize the opposition parties' leaders and policies. This phenomenon was evident in the 1999 General Election campaign that illustrated the role of editorial cartoons as a political weapon.*

In terms of form and content, contemporary editorial cartoons are more aggressive and direct and thus related to the style of the pre-independence cartoons. It indicates that a complete cycle has occurred in the style of Malaysian editorial cartoons. Sharp, aggressive, and concise works are indeed the new trend of contemporary Malaysian editorial cartoons.

Conclusion

Formalistically, there is an obvious relationship between Malay pre-independence cartoons and traditional Malay literature,

dianggap sensitif dan boleh menyentuh perasaan mana-mana etnik di negara ini. Kartunis Malaysia mematuhi undang-undang berhubung Akta Mesin Cetak dan Penerbitan yang melarang antara lain membincangkan isu-isu sosial dan politik yang disifatkan sebagai "sensitif". Dalam konteks ini, akta, nilai-nilai budaya Malaysia serta pemilikan akhbar turut memainkan peranan dalam menentukan batasan bentuk, makna dan gaya kartun tanah air. Justeru itu, kartunis editorial Malaysia pada dekad 1990-an lebih cenderung menggambarkan subjek sosioekonomi berbanding dengan subjek-subjek politik. Hal ini demikian kerana subjek sosioekonomi dianggap kurang kontroversi, jika dibandingkan dengan politik.

Namun begitu bentuk dan makna kartun editorial Malaysia berubah pada akhir dekad 1990-an ekoran daripada perkembangan sosiopolitik negara. Kartunis seperti Zunar, Rossem, Brain, dan Asrie menghasilkan kartun-kartun yang keras lagi agresif mengkritik dasar-dasar serta pemimpin-pemimpin kerajaan dalam akhbar serta majalah yang proparti pembangkang, seperti *Detik* dan *Harakah*. Antologi karya mereka turut mendapat sambutan daripada khalayak. Sementara itu, kartunis-kartunis seperti Juragan, Miki, dan Zoy, yang berkarya dalam akhbar-akhbar arus perdana seperti *New Straits Times*, *Utusan Malaysia* dan *Berita Minggu* menghasilkan karya yang mengkritik dasar-dasar serta pemimpin parti pembangkang. Hal ini begitu menyerlah dalam Kempen Pilihanraya 1999 yang menunjukkan peranan kartun editorial sebagai senjata

especially in the texts and captions. Many cartoons of the 1930s and 1940s used proverbs, pantuns, poems, or elaborate and rhymed sentences as their captions, while others, such as "Wak Ketok" were influenced by traditional Malay literature. However, the critical humor of the pre-independence cartoons appears blunt and direct, unlike critical humor in traditional Malay literature that was usually allegorical and symbolic.

Among other factors, the directness of Malay critical humor in pre-independence cartoons was caused by the instability of the economic and socio-political condition of the Malays. The 1930s and 1940s were periods of economic and political struggle against British colonial rule and Chinese and Indian immigration. It was also the period of the birth of Malay nationalism, followed by the search for independence. Consequently, the newspapers which were owned and managed by nationalists were used as outlets to uplift the nationalistic spirit of the Malays. In this context, cartoons were used as a weapon to improve Malay attitudes in order to create progress in the economy and politics, as well as to attack colonial injustice and immigration.

The relationship between Malay cartoons and Malay traditional literature took a new shape after independence. Unlike their predecessors, post-independence cartoonists rarely used proverbs, pantuns, poems, or elaborate sentences for their captions. Even though this phenomenon may suggest a detachment of Malay cartoons from traditional literature, in terms of their form, Malay cartoonists were still inspired by the allusive and indirect qualities found in the structure and characters of farcical tales and animal fables. For instance, they

politik.

Dalam konteks ini, kartun editorial kontemporari secara umumnya bersifat lebih agresif serta langsung, justeru boleh dihubungkan dengan gaya kartun sebelum merdeka. Hal ini menunjukkan bahawa satu pusingan gaya yang lengkap sedang berlaku dalam gaya kartun editorial Malaysia. Tajam, agresif, dan padat adalah trend baru kartun editorial Malaysia.

Kesimpulan

Dari sudut gaya, terdapat perhubungan jelas antara kartun Melayu pramerdeka dengan kesusasteraan Melayu tradisional, terutamanya dari segi penggunaan teks. Banyak kartun pada tahun-tahun 1930-an dan 1940-an yang menggunakan simpulan bahasa, peribahasa, pantun, syair, dan ayat-ayat berirma dalam teks, sementara karya "Wak Ketok" dipengaruhi oleh cerita-cerita jenaka. Walau bagaimanapun, kritikan dalam kartun-kartun pramerdeka lebih langsung dan berterus-terang sifatnya jika dibandingkan dengan kritikan dalam sastera tradisi yang umumnya bersifat simbolik dan kiasan.

Antara lain, kelangsungan kritikan dalam kartun-kartun Melayu pramerdeka ada kaitannya dengan suasana ketidakstabilan ekonomi dan sosiopolitik Melayu ketika itu. Tahun-tahun 1930-an dan 1940-an merupakan era perjuangan Melayu bagi mempertingkatkan tahap ekonomi dan politik mereka serta penentangan terhadap penjajahan

continued to refer to such tales as "Pak Pandir" or "Musang Berjanggut" in creating contemporary characters as vehicles to personify human flaws. On the other hand, the decreased dependency of Malay cartoonists on traditional literary styles also paved the way for the creation of more concise cartoons, either in terms of image or text.

Apart from tradition, the form and content of Malay post-independence cartoons were also determined by the economic and socio-political condition of the country, newspaper ownership, the existence of the Printing Presses and Sedition Acts, as well as self-censorship. Malay post-independence cartoonists avoided racial jokes or sensitive subjects which might hurt the feelings of any ethnic group. Consequently, the targets of their criticism shifted from foreigners or the British colonial rule to society at large, and especially the Malays themselves. In this context, cartoons were still used as weapons to improve Malay attitudes in general, either as individuals, or within their family or society, in addition to criticizing, satirizing, or exposing the flaws found in local and international contemporary issues.

Generally, the future of editorial cartoons depends on the economic and sociopolitical situation of the country, as the form and content of a cartoon is determined by cultural values, media ownership, the rules and regulations regarding printing and publication, as well as government and editorial policies. However, regardless of politics, the animation industry will continue experiencing a very rapid development, while the cartoon magazines will continue to have a special place in society, but competition will force them to concentrate on quality.

dan kedatangan bangsa dagang. Ia juga merupakan period kelahiran semangat kebangsaan Melayu yang disusuli pula oleh perjuangan mencapai kemerdekaan. Justeru itu, akhbar-akhbar yang dimiliki serta diselenggarakan oleh para nasionalis telah digunakan sebagai wadah penyaluran semangat kebangsaan Melayu. Dalam konteks ini, kartun telah digunakan sebagai media bagi memperbaiki sikap Melayu untuk menuju kemajuan dalam bidang ekonomi dan politik, di samping berperanan sebagai senjata menentang ketidakadilan penjajah dan imigrasi.

Selepas merdeka, perhubungan kartun Melayu dengan kesusasteraan tradisional berlaku dalam bentuk berlainan. Tidak seperti golongan kartunis perintis, para kartunis pascamerdeka jarang menggunakan peribahasa, simpulan bahasa, pantun, syair ataupun ayat-ayat beritma sebagai dialog ataupun teks dalam karya-karya mereka. Meskipun fenomena ini mungkin mencerminkan suatu pemisahan formal antara kartun Melayu dengan sastera tradisi, kartunis-kartunis Melayu pada dasarnya masih menimba inspirasi daripada kehalusan serta nilai-nilai tersirat yang terdapat dalam struktur serta watak-watak cerita jenaka dan cerita rakyat tradisi. Mereka terus merujuk kepada watak-watak seperti dalam cerita-cerita Pak Pandir dan Musang Berjanggut dalam membentuk watak-watak sezaman bagi menyampaikan kritikan dan sindiran. Kurangnya penggantungan kartunis-kartunis Melayu kepada gaya kesusasteraan tradisi telah memberi laluan kepada lahirnya kartun-kartun yang ringkas dan padat baik dari segi imejan mahupun teks.

Di samping tradisi, bentuk dan isi kartun Melayu pascamerdeka turut dipengaruhi oleh keadaan ekonomi serta sosiopolitik negara, pemilikan akhbar, Akta Mesin Cetak dan Penerbitan, dan penapisan diri sendiri. Kartunis Melayu pascamerdeka menghindari diri daripada menyentuh sama ada jenaka perkauman mahupun subjek-subjek sensitif yang mungkin menyentuh perasaan golongan etnik tertentu. Lantaran itu, sasaran kritikan mereka beralih daripada penjajah Inggeris ataupun bangsa-bangsa lain kepada masyarakat umum, terutamanya orang-orang Melayu sendiri. Dalam konteks ini, kartun terus digunakan sebagai senjata untuk memperbaiki sikap Melayu, sama ada secara individu, keluarga ataupun masyarakat, di samping terus berperanan sebagai senjata mengkritik, menyindir, serta mendedahkan pelbagai kepincangan dalam isu-isu setempat dan sejagat.

Pada dasarnya, masa depan kartun editorial banyak bergantung kepada situasi ekonomi dan sosiopolitik negara, kerana bentuk dan makna kartun secara umumnya dipengaruhi oleh nilai-nilai budaya, pemilik media, undang-undang berkaitan percetakan dan penerbitan, serta dasar-dasar kerajaan dan editorial. Namun begitu, industri animasi di negara ini dijangka akan melalui perkembangan dan kemajuan yang lebih pantas, sementara majalah-majalah kartun yang terus memiliki tempat istimewa di kalangan khalayak, akan bergelut dalam persaingan untuk menghasilkan sesuatu yang lebih bermutu.

Notakaki / *Notes:*

1. *For an overview and examples of cartoons published in* **Warta Malaya**
    and **Majlis**, *see Zakiah Hanum, 1989.*

2. *Zainal Abidin Ahmad, October 1941:248.*

    *In characterizing the Malay journalistic activity of the 1930s, Zainal
    Abidin Ahmad said that, "They warn, exhort and call to action, at the
    same time denouncing idleness, extravagance, ignorance, superstitions,
    fatalism, and un-Islamic practices. Sometimes the lesson is driven
    home by means of stories translated or specially written for the purpose
    ; sometimes by humorous and biting satires, and of late even by means
    of crude cartoon drawings and `caricatures'. But more often it is done
    by direct and outspoken condemnation."*

3. *Mohd. Taib Osman, 1965:211.*

    *"The pantun can be considered as folk-ditty; it is used on almost all
    occasions in Malay life: at festivals, weddings, betrothals, in courtship,
    or whenever an occasion arises where poetic expression can add lustre
    to the occasion. The pantun is a quatrain and is unique in structure.
    The first two lines are usually meaningless except to provide the
    rhyming scheme for the last two lines which actually convey the message.
    The message, often disguised in metaphors and similes, can be anything:
    an expression of love, a riddle, a reflection of one's mood or fate, or just
    a wise saying about the ups and downs of human life."*

4. *A. Samad Ismail, August 1992:35.*

    *Wak Ketok, according to A. Samad Ismail, "was dressed as a Javanese
    man and as far as I remember, always carried an umbrella with him.
    Wak Ketok was Kajai's creation and he used it to satirize his political
    opponents or to criticize Malay people their laziness, their extravagance,
    their flattery for their superiors, etc."*

5. *Hashim Awang, 1985:ix.*

    *"The friction between the Malays and the Malay-Arabs occurred due to
    several economic, political and psychological factors. Leadership at all
    levels of economic and political life was monopolized by Malay-Arabs
    and Malay-Indians. In the towns, these two ethnic groups forced the
    Malays to sell them their lands, thus relegating them to underdeveloped
    areas of the country."*

    *A. Samad Ismail, (Written answer to questionnaire sent by author, 8
    January 1996).*

    *"Wak Ketok was a humorous column published in Utusan Zaman and
    used by Kajai to satirize the Malay-Arabs and the Indian Muslims who
    controlled the political, social, economic and cultural leadership of the
    country at the time. In other words, Kajai employed Wak Ketok as part
    of his strategy to uphold the basis of the definition of Malay, which
    corresponded to the policies of Utusan Melayu and of the Malay Union
    at the time. Ali Sanat was a strong supporter of both the Malay Union
    and Utusan Melayu. That is why he could draw cartoons that espoused
    Kajai's ideas perfectly."*

6. *See Lanman, 1988:249; Nik Ahmad Nik Hassan, 1963:61; Roff,
    1967:171-172.*

    Majlis *began publication in December 1931 in Kuala Lumpur.
    Published twice weekly, it aimed to strive for national unity among the
    Malays by publishing political and nationalistic articles by Malay
    nationalists. It dealt with the social, economic, and political issues
    concerning the Malays in the pre-independence era. It supported Malay
    causes and played an important role in the development of Malay
    political parties and associations in the 1930s, especially the United
    Malays National Organization (UMNO).*

7. *Sommerlad, 1966:17-18.*

    *"In colonial times the newspapers catered for communal interests, but
    since independence there has been a distinct trend toward a national
    type of newspaper, and in line with Government policy, the press is
    playing a part in uniting Malaysians of all racial groups."*

8. *A. Samad Ismail, 8 January 1996, op.cit.*

    *The demise of Peng's cartoons, according to A. Samad Ismail, was due
    to the fact that their themes and subjects were centering around
    Singaporean life and values, which no longer suited the taste of* **Berita
    Harian***'s readers who mainly lived in villages. Moreover, since* **Berita
    Harian** *had moved to Kuala Lumpur, it was difficult to communicate
    with Peng who lived in Singapore. In addition, Peng was not concerned*

with the Malay way of thinking.

9. *Zaharom Nain, October 1994:182-185.*

"Indeed, all of the four national-language dailies published in peninsular Malaysia, **Berita Harian, Harian Metro, Utusan Malaysia**, *and* **Utusan Melayu**, *are produced by just two local media giants, the New Straits Times Press (NSTP)- which publishes* **Berita Harian** *and* **Harian Metro**- *and Utusan Melayu (Malaysia) Sdn. Bhd.- which publishes* **Utusan Malaysia** *and* **Utusan Melayu**. *The concentration becomes more evident when we consider the national-language weeklies, since the two leading weeklies (in terms of circulation and readership),* **Berita Minggu** *and* **Mingguan Malaysia**, *are also published by the same two companies.*

Cartoon celebrating the International Cartoonists' Gathering Malaysia 1990, in conjunction with TDC's Visit Malaysia Year, which Lat helped organise.

"This, of course, is merely the tip of the iceberg. As has been comprehensively documented by Cheong (1993) and Gomez (1990, 1993, 1994), these companies, which hold interests in other media distribution and broadcasting, are themselves controlled by groups closely aligned with political parties in the ruling coalition".

10. *Ibid., pp.187-188.*

"Under the Printing Presses and Publication Act, all mass circulation newspapers in Malaysia need to have a printing permit, granted by the Ministry of Home Affairs, before they can be published. A publisher has to apply for a new permit each year. Section 13A of the amended Act empowers the Home Minister to reject applications for a printing licence (popularly known as the "KDN" [Kementerian Dalam Negeri]) and to revoke or suspend a permit. The Minister's decision is final and cannot be challenged in a court of law. As stated under Section 13, Subsection (1) of the Act :

"Without prejudice to the powers of the Minister to revoke or suspend a licence or permit under any other provisions of this Act, if the Minister is satisfied that any printing press in respect of which the licence has been issued is used for printing of any publication which is prejudicial to public order or national security or that any newspaper in respect of which a permit has been issued contains anything which is prejudicial to public order or national security, he may revoke such licence or permit."

As a supplement, Section 7 of the amended act empowers the minister to prohibit the printing, sale, import, distribution, or possession of a publication. The minister may do this if he or she believes that the contents of a publication threatens morality, public order, security, public or national interests, conflicts with the law, or contains provocative matters."

Rujukan / References

A. Samad Ismail, 30 August 1992. "Peranan Kartunis untuk Wawasan 2020." **Watan**, p.35.

A. Samad Ismail, 8 January 1996. Written answer to questionnaire sent by author.

Abdul Latiff Abu Bakar, 1984. **Abdul Rahim Kajai: Wartawan dan Sasterawan Melayu.** Kuala Lumpur: Dewan Bahasa dan Pustaka.

Abib, 1991. **Tok Aki Keluarga Canggih.** Kuala Lumpur: Media Wrappers.

Ahmat Adam, 1992. **Sejarah dan Bibliografi Akhbar dan Majalah Melayu Abad Kesembilan Belas.** Bangi: Penerbitan Universiti Kebangsaan Malaysia.

Baker, Kenneth, 23 September 1995. "The Big Draw: Young Cartoonist Competition." **The Times,** 3.

Behrendt, Fritz, December 1975. "The Freedom of the Political Cartoonist." In **20th Century Studies; Politics in Cartoons and Caricature,** pp.77-91. Canterbury: The Faculties of Humanities and Social Sciences, University of Kent.

Birch, E. W., December 1879. "The Vernacular Press in the Straits." **Journal of the Straits Branch of the Royal Asiatic Society**, 4:51-55.

Gombrich, E. H., 1963. "The Cartoonist's Armoury." In **Meditations on a Hobby Horse and Other Essays on the Theory of Art.** London: Phaidon Press.

Hashim Awang (ed.), 1985. **Satira Kajai: Cerpen Pilihan Abdul Rahim Kajai.** Petaling Jaya: Penerbit Fajar Bakti Sdn. Bhd.

Ishak Haji Muhammad, 1938. **Putera Gunung Tahan.** Petaling Jaya: Penerbitan Pustaka Budaya Agency.

Iskandar Ahmad, 1980. **Persuratkhabaran Melayu 1876-1968.** Kuala Lumpur: Dewan Bahasa dan Pustaka.

Lanman, Ingelise Lamont, 1988. "The Fabric of Malay Nationalism on the Malay Peninsula; 1920-1940." (Ph.D Thesis). Los Angeles: University of California.

Lat, 1994. **Lat 30 Years Later.** Petaling Jaya: Kampung Boy Sdn. Bhd.

Lent, John A., 1977. "The Mass Media in Malaysia." In John A. Lent (ed.), **Cultural Pluralism in Malaysia: Polity, Military, Mass Media, Education, Religion and Social Class.** De Kalb: The Center for Southeast Asian Studies, Northern Illinois University, pp.32-42.

Lent, John A., 1978. "Malaysia's National Language Mass Media: History and Present Status." **Southeast Asian Studies,** 3:598-612.

Lent, John A., June 1979. "Historical and Problem Analysis of Southeast Asian Mass Communication Research." **Southeast Asian Studies,** 1:131-156.

Lent, John A. (ed.), 1979. **Third World Mass Media: Issues, Theory and Research.** Williamsburg, VA: Studies in Third World Societies.

Lent, John A. (ed.), 1980. **Case Studies of Mass Media in the Third World.** Williamsburg, VA: Department of Anthropology, College of William and Mary.

Lent, John A., 1994. "Of `Kampung Boy,' `Tok Guru' and Other Zany Characters: Cartooning in Malaysia." **Jurnal Komunikasi,** 10:55-77.

Mohamad Amin Hassan, June 1979. "The Malay Press During the Great Depression." **Indonesia Circle,** 19:21-25.

Mohd. Taib Osman, 1965. "Trends in Modern Malay Literature." In Wang Gungwu (ed.), **Malaysia; A Survey.** London: Pall Mall Press, pp.210-224.

Muliyadi Mahamood, 1989. "Malaysian Cartoonists; Artists with a Function in Society." **In Caricature, Cartoons and Comics Exhibition Catalogue.** Kuala Lumpur: National Art Gallery.

Muliyadi Mahamood, 1990. "A Brief History of Malaysian Cartoons." In **International Cartoonists Gathering.** Kuala Lumpur: Kampung Boy Sdn. Bhd.

Muliyadi Mahamood, 1993. **Mendekati Seni Lukis dan Seni Reka.** Kuala Lumpur: Dewan Bahasa dan Pustaka.

Muliyadi Mahamood, 1995. **Seni Lukis dalam Peristiwa.** Kuala Lumpur: Dewan Bahasa dan Pustaka.

Muliyadi Mahamood, 1997. **Malay Editorial Cartoons: The Development of Style and Critical Humour.** Ph.D Thesis University of Kent at Canterbury, England.

Nik Ahmad Nik Hassan, May 1963. "The Malay Press." **Journal of the Malayan Branch Royal Asiatic Society,** Vol.XXXVI:37-78.

Printing Presses and Publications Act, 1984, 1993. Kuala Lumpur: International Law Book Services.

Pyanhabib, July 1989. "Rossem: Tiada Cincai dalam Melukis Kartun". **Mastika,** pp.40-41.

Pyanhabib, July 1990. "Zunar: Kita Boleh Melihat dengan Mata Kartun". **Mastika,** pp.52-53.

Raja Haji Yahya, 1988. **Cerita Jenaka.** Petaling Jaya: Penerbitan Fajar Bakti Sdn. Bhd.

Roff, William R., 1967. **The Origins of Malay Nationalism.** New Haven and London: Yale University Press.

Seymour-Ure, Colin, December 1975. "How Special Are Cartoonists?" In **20th Century Studies; Politics in Cartoon and Caricature,** pp.6-21. Canterbury: The Faculties of Humanities and Social Sciences, University of Kent.

Sommerlad, E. Lloyd, 1966. **The Press in Developing Countries.** Sydney: Sydney University Press.

Sweeney, Amin, August 1976. "The Pak Pandir Cycle of Tales." **Journal of the Malaysian Branch of the Royal Asiatic Society,** 299:15-62.

Winstedt, Richard O., 1969. **A History of Classical Malay Literature.** Kuala Lumpur: Oxford University Press.

Zaharom Nain, October 1994. "Commercialization and Control in a `Caring Society': Malaysian Media `Towards 2020'." **SOJOURN,** 2:178-199.

Zainal Abidin Ahmad, October 1941. "Malay Journalism in Malaya." **Journal of the Malayan Branch of the Royal Asiatic Society,** Vol.XIX:244-250.

Zakiah Hanum, 1989. **Senda, Sindir, Sengat.** Petaling

Jaya: Lajmeidakh Sdn. Bhd.

Zulkifli Mahmud, 1979. **Warta Malaya; Penyambung Lidah Bangsa Melayu 1930-1941.** Bangi: Jabatan Sejarah UKM.

A scene from the *Kampung Boy, 1979*

LAT DALAM KONTEKSNYA *LAT IN CONTEXT*

OLEH /*BY* **Dr Muliyadi Mahamood**

Perbincangan tentang sejarah seni lukis kartun kontemporari Malaysia seakan tidak lengkap tanpa menyentuh karya Dato' Lat - nama yang sinonim dengan perkembangan seni kartun di negara ini. Penglibatan Lat dalam pelbagai genre kartun mencerminkan ketrampilannya dalam menggarap pelbagai isu ataupun tema kartun menerusi berbagai-bagai pendekatan, baik dalam bentuk lerang, editorial, animasi, karikatur, mahupun pengiklanan. Lat dianggap cerminan masyarakat, institusi, dan wira budaya kerana nilai-nilai kemalaysiaan dan kemelayuan yang ditonjolkan dalam karya-karyanya.

Ketrampilan dan sumbangan Lat diakui sama ada di Malaysia mahupun di peringkat antarabangsa. Sumbangan besar serta penglibatan panjang Lat dalam dunia kartun dan pemupukan budaya bangsa dihargai dan disanjungi. Dia dianugerahkan gelaran "Dato'" pada tahun 1994 oleh DYMM Sultan Perak. Pada tahun 2002, Lat menerima anugerah Kesenian dan Kebudayaan bagi Anugerah Kebudayaan Asia Fukuoka ke-13, 2002 di Fukuoka, Jepun.[1]

Sewaktu majlis perisytiharan Lat sebagai penerima anugerah pada 9 Julai 2002 di Japan Foundation, Kuala Lumpur, Duta Besar Jepun ke Malaysia menyebut bahawa Lat merupakan kartunis Asia terbaik di mata dunia. Profesor Diraja Ungku Aziz dalam ucap tahniahnya pula

Any discussion of contemporary Malaysian cartoons could never be complete without the inclusion of Dato' Lat, a name synonymous with the development of cartoons in this country. Lat's involvement in a variety of genres reflects his commitment to tackle many issues and themes through a variety of approaches and media, ranging from strip cartoons, editorial cartoons, and caricatures, to animation and even advertising. Lat is considered to be a mirror of society, an institution, and a cultural hero because of the Malaysian as well as Malay values portrayed in his works.

Lat's stature and his contributions are not only acknowledged in Malaysia, but also internationally. His lifelong involvement in the world of cartoons and his endorsement of our culture is greatly appreciated by all, and has been rewarded both locally and abroad. He was conferred the title of Dato in 1994 by DYMM the Sultan of Perak. In 2002, Lat was awarded the Art and Culture award of the 13th Fukuoka Asian Cultural Award held in Fukuoka, Japan.[1]

During the award ceremony held in Kuala Lumpur at the Japan Foundation on 9th July 2002, the Japanese ambassador to Malaysia declared that Lat was the most prominent Asian cartoonist in the eyes of the world. In his congratulatory speech, Royal Professor Ungku Aziz stated that Lat had always been consistent in his style. He compared him to French cartoonist

menyifatkan Lat sebagai kartunis yang memiliki gaya konsisten. Dia menyamakan Lat dengan Daumier, kartunis Perancis yang menggarap isu-isu kemasyarakatan dalam karya-karyanya. Takaki Toshiko, wakil panel anugerah menegaskan bahawa Lat dipilih sebagai pemenang kerana sumbangan besarnya dalam bidang kartun yang bukan sahaja bertemakan Malaysia, malahan meliputi persoalan kebudayaan Asia secara umumnya. Status Lat sebagai kartunis tersohor Asia tidak boleh disangkal dan pengaruhnya kepada masyarakat serta kartunis Asia sudah terserlah.

Latar Ringkas Perkembangan Profesion dan Karya Lat

Penglibatan Lat dalam dunia kartun bermula sejak zaman kanak-kanaknya. Ketika berusia lapan tahun, dia sudah mula menghayati serta menyalin karya-karya kartun lerang dan komik Raja Hamzah yang disiarkan *Utusan Melayu* dan

Daumier who depicted social issues in his works. As for Takaki Toshiko, the award panel's representative, he stressed the fact that Lat had been chosen as the winner because of his immense contribution to the field of cartoons, which is not just representative of Malaysia, but of Asian culture as a whole. Lat's status as Asia's most prominent cartoonist cannot be questioned, and his influence on society as well as on other Asian cartoonists is tremendous.

Brief Background of Lat's Professional Development

Lat's involvement in cartoons started in his childhood years. When he was eight years old, he already studied and copied Raja Hamzah's strip cartoons and comics published in Utusan Melayu *and* Utusan Zaman *(Illustration 1). Lat regards Raja Hamzah, an important cartoonist in the 1950s, as his hero. Lat's first cartoon entitled "Three friends catch a thief" was published by Sinaran Brothers in 1964 when he was just 13 years old. In April of the same year, his first cartoon appeared in* Majalah

Illustrasi / Illustration 1 :
Raja Hamzah: "Sumpah Hantu Jerangkong"
***Utusan Zaman*, 1 February 1959, p.7.**

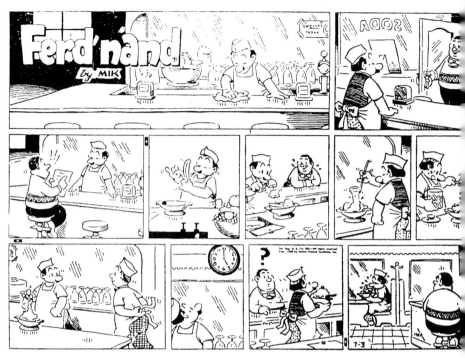

Utusan Zaman ketika itu (Ilustrasi 1). Lat menyifatkan Raja Hamzah, kartunis penting dekad 1950-an itu sebagai wiranya. Komik pertama Lat yang berjudul *Tiga Sekawan Menangkap Penchuri* diterbitkan oleh Sinaran Brothers pada tahun 1964 ketika dia berusia 13 tahun. Pada April tahun itu, kartun pertamanya disiarkan dalam Majalah Filem (Ilustrasi 2). Ketika itu, majalah-majalah hiburan merupakan gelanggang terpenting bagi kartunis perintis menyumbangkan karya.[2]

Lat memulakan siri kartun lerang "Keluarga Si Mamat" dalam *Berita Minggu* pada tahun 1968. Di samping minatnya merakamkan suasana persekitaran menerusi kartun, dia melahirkan siri itu kerana rasa kurang senangnya terhadap kebanjiran komik-komik serta kartun-kartun import dalam akhbar-akhbar Melayu ketika itu, contohnya "Ferd'nand" (Ilustrasi 3), "Nancy" (Ilustrasi 4), dan "Tok Misai." Kehadiran Lat mengimbangi penerbitan kartun luar di samping memenuhi ketandusan kartun-kartun tempatan. "Si Mamat" menepati cita rasa tempatan dan ternyata kekal popular untuk jangka masa yang panjang.

Lat mula dikenali sebagai kartunis editorial yang menggarap tema sosiopolitik pada

Illustrasi / Illustration 3 :
"Ferd'nand" by Mik, *Berita Minggu*, 28 August 1960, p.7.

Filem *(Illustration 2). At the time, entertainment magazines represented the most important outlet for budding cartoonists to send their contributions.*[2]

Lat started publishing his strip cartoon series "Mamat's Family" in Berita Minggu in 1968. Besides his interest in capturing his environment through his works, he created the series because of his dissatisfaction with the deluge of imported comics and cartoons in the Malay newspapers of the time, for instance "Ferd'nand" (Illustration 3), "Nancy" (Illustration 4) and "Tok Misai". Lat's contribution filled a local void, and restored the balance between local and foreign cartoons. "Mamat's Family" fulfilled readers' expectations, and has proved to be

Illustrasi / Illustration 2 :
Lat's first Cartoon,
Majalah Filem,
April 1964.

tahun 1975 menerusi ruangan "Scenes of Malaysian Life" dalam akhbar *New Straits Times.* Pada tahun yang sama, penerbit akhbar itu menghantar Lat ke London bagi mendalami lukisan figura di Sekolah Seni St. Martin. Sewaktu di kota itu, dia berpeluang menghayati dunia kartun Barat, khususnya kartun editorial dengan lebih dekat. Menjelang akhir 1975, Lat dilantik sebagai kartunis sepenuh masa, setelah lebih lima tahun bertugas sebagai wartawan jenayah akhbar itu. Sejak itu kartun-kartun

Illustrasi / Illustration 4 :
"Nancy" by Ernie Bushmiller, *Berita Minggu,* **6 February 1972, p.10.**

Illustrasi / Illustration 5 :
Lat : *The Kampung Boy,* **1979.**

popular since then.

Lat started being known as an editorial cartoonist in 1975 through his column "Scenes of Malaysian Life" published in the New Straits Times. In the same year, the publisher of the newspaper sent him to London to study figure painting at St. Martin's Art School. While in London, Lat had the opportunity to study Western cartoons, and especially editorial cartoons, in detail. In late 1975, he was appointed full-time cartoonist, after five years as a criminal journalist. Lat's editorial cartoons have been a major feature of the newspaper ever since.

Besides the strip and editorial cartoons that appear in newspapers, Lat has also published other important works in the form of books such as Kampung Boy *(1979) (Illustration 5),* Town Boy *(1980),* Mat Som *(1989),* Kampung Boy - Yesterday and Today *(1993), and over 20 anthologies of his editorial cartoons. The success of these books depends greatly on the cartoonist's refined drawing style and on his keen observation of his surroundings. Lat's skilled rendition of his environment helps his audience to better understand his works while expressing*

Illustrasi / Illustration 6 : **Lat, *Mat Som*, 1989**

editorial Lat mewarnai serta menjadi antara tarikan utama akhbar *New Straits Times*.

Di samping kartun lerang dan editorial dalam akhbar, Lat terus menghasilkan karya-karya penting lain dalam bentuk buku seperti *Kampung Boy* (1979) (Ilustrasi 5), *Town Boy* (1980), *Mat Som* (1989), *Kampung Boy-Yesterday and Today* (1993), dan lebih 20 antologi kartun editorial. Kejayaan buku-buku Lat banyak bersandar kepada gaya lukisannya yang halus serta peka terhadap keadaan sekeliling. Keupayaan Lat merakam persekitaran dengan tajam

nostalgia about village life.

In 1984, Lat stopped working for the New Straits Times to become a full-time cartoonist. Nevertheless, he continued the strip cartoon "Mamat's Family" and the editorial cartoons "Scenes of Malaysian Life" for the paper. Through his own publishing company, Kampung Boy Sdn. Bhd., Lat published the cartoon novel Mat Som (Illustration 6) in 1989. This novel about the life of a part-time reporter in Kuala Lumpur was then adapted to the silver screen in 1990.

In his book Kampung Boy - Yesterday and Today

Illustrasi / Illustration 7 :
Lat, *Kampung Boy*, 1993.

membantu khalayak mendekati karyanya dengan lebih berkesan di samping membangkitkan nilai-nilai nostalgia kehidupan di desa.

Pada tahun 1984 Lat berhenti daripada New Straits Times untuk menjadi kartunis sepenuh masa. Namun begitu, dia masih meneruskan siri kartun lerangnya "Keluarga Si Mamat" dan kartun editorial "Scenes of Malaysian Life" untuk penerbitan itu. Menerusi syarikat penerbitan miliknya, Kampung Boy Sdn. Bhd., Lat menerbitkan novel kartun *Mat Som* (Ilustrasi 6) pada tahun 1989. Novel tentang kehidupan seorang wartawan sambilan di Kuala Lumpur itu kemudiannya diadaptasikan ke layar perak pada tahun 1990.

Dalam buku *Kampung Boy-Yesterday and Today* (Ilustrasi 7) yang diterbitkan pada tahun 1993, Lat melakarkan pelbagai jenis permainan zaman kanak-kanaknya dan dibandingkan dengan permainan zaman sekarang. Seperti *Kampung Boy*, kekuatan karya ini banyak bergantung kepada kepaduan serta kehalusan gaya lukisan dalam menggambarkan ciri-ciri persekitaran serta penonjolan isu krisis identiti kebudayaan akibat pertembungan dengan teknologi dan budaya moden. Apa bila *Kampung Boy* dipindahkan dalam bentuk animasi pada tahun 1996, keunikan watak-watak kartun Lat itu menjangkau audiens yang lebih besar. Siri kartun itu menerima anugerah Animasi Terbaik di Festival Animasi Annecy, Perancis pada tahun 1999.

Selain daripada menggambarkan pengalaman

(Illustration 7) published in 1993, Lat depicts a variety of toys and games he used to play in his childhood, as well as modern games. As in Kampung Boy, *the strength of this work relies on the purity of his style in rendering his surroundings, as well as on the depiction of the identity crisis caused by the clash between culture and technology. When* Kampung Boy *was transferred to animation in 1996, the uniqueness of Lat's cartoon characters reached a much wider audience. The animated cartoon series won the Best Animation award at the Animation Festival of Annecy, France in 1999.*

Besides depicting his personal experience, Lat's main works such as Kampung Boy *reflect the refined cultural values of Malay village life. Loving family relationships and strong bonds of friendship are expressed by Lat in his style that is sensitive to the world around him. Islamic values are also incorporated through the aspect of education throughout his childhood, such as Qur'an reading lessons and prayer classes. This is even more evident in his strip cartoon "Ayuh Ke Masjid", or "Let's Go to the Mosque"*

Illustrasi / Illustration 8 :
Lat, "Ayuh Ke Masjid",
Berita Harian, **2 Jun 2001.**

hidupnya, karya-karya utama Lat seperti *Kampung Boy* mencerminkan nilai-nilai budaya Melayu desa yang halus lagi indah. Rasa kasih sayang kekeluargaan serta erti persahabatan dikupas Lat dengan begitu padu menerusi gaya lukisan yang sensitif terhadap landskap dan dunia persekitaran. Lat turut menjelmakan nilai-nilai keislaman menerusi aspek pendidikan yang dilaluinya daripada zaman kanak-kanak, seperti belajar mengaji dan bersembahyang. Hal ini lebih menyerlah menerusi siri kartun lerangnya "Ayuh Ke Masjid" (Ilustrasi 8) yang diterbitkan akhbar *Berita Harian* pada tahun 2001. Dalam siri ini, Lat secara langsung dan terang-terangan menggunakan kartun sebagai wadah pendidikan moral dan agama, khususnya untuk kanak-kanak. Penyebaran dakwah secara langsung menerusi kartun menjadi dimensi baru karya-karya mutakhir Lat.

Seperti dalam tradisi seni halus, karya-karya Lat turut diperagakan dalam pelbagai pameran seni lukis, dan antara yang utama ialah *Pameran Pengolahan Landskap Tempatan dalam Seni Lukis Moden Malaysia* yang diselenggarakan oleh Piyadasa di Balai Seni Lukis Negara pada tahun 1981. Penampilan karya-karya kartun Lat dalam pameran itu mengenepikan tanggapan stereotaip yang memisahkan kartun dengan seni lukis moden. *Pameran Dunia Lat* di Muzium Negara pada tahun 1986 pula telah menarik lebih 600,000 pengunjung dalam masa dua bulan, justeru mencerminkan kepopularan tokoh itu di kalangan masyarakat Malaysia. Kartun-kartun Lat turut diperagakan

(Illustration 8), published in Berita Harian *in 2001. In this series, Lat uses cartoon directly as a moral and religious educational tool aimed at children. Religious education in a direct manner through cartoon has become a new dimension of Lat's latest works.*

As in the fine art tradition, Lat's works have been displayed in various art exhibitions, one of the most important ones being the Exhibition of Local Landscapes in Modern Malaysian Art organized by Piyadasa at the National Art Gallery in 1981. The selection of Lat's cartoons for this exhibition dismissed the stereotyped notion that cartoons exist outside modern art. Moreover, Lat's World Exhibition held at the National Museum in 1986 attracted over 600,000 visitors within two months, reflecting the popularity of the artist among Malaysian society. Lat's cartoons were also displayed in the Caricatures, Cartoons and Comics Exhibition held at the National Art Gallery in 1989, and in the ASEAN cartoonists' exhibition in Tokyo in 1990.

In 1990, Lat helped to organize the International Cartoonists' Dialogue held in Kuala Lumpur at the occasion of Visit Malaysia Year, together with such other organizers as the Malaysian Tourism Development Board, Malaysian Airlines, the New Straits Times, National, and Panasonic. This historical event that brought together cartoonists from 12 countries served to enrich the local cartoon world through exhibitions, dialogues, and workshops. In 1991, Lat took part with such other cartoonists as Rejabhad, Zunar, Raz, Mali, Aman, Muliyadi, Mail, Don, and Rossem in the formation of the Malaysian Cartoonists' Association (PEKARTUN). Lat's lifelong commitment to the

dalam pameran *Karikatur, Kartun dan Komik* di Balai Seni Lukis Negara pada tahun 1989 dan pameran Kartunis ASEAN di Tokyo (1990).

Pada tahun 1990, Lat menerusi Kampung Boy Sendirian Berhad serta penaja-penaja lain seperti Perbadanan Kemajuan Pelancongan Malaysia, Penerbangan Malaysia, New Straits Times, National dan Panasonic telah menganjurkan program Dialog Kartunis Antarabangsa Malaysia di Kuala Lumpur bersempena dengan Tahun Melawat Malaysia. Program bersejarah yang menemukan kartunis-kartunis dari 12 negara itu menyuburkan lagi dunia kartun tempatan menerusi pameran, dialog, dan pengkaryaan. Pada tahun 1991, Lat turut terlibat bersama kartunis-kartunis lain seperti Rejabhad, Zunar, Raz, Mali, Aman, Muliyadi, Mail, Don, dan Rossem dalam pembentukan Persatuan Kartunis Malaysia (PEKARTUN). Sumbangan dan penglibatan panjang Lat dalam dunia kartun tanah air terserlah dan ternyata meletakkan dirinya sebagai tokoh kartunis yang disanjungi.

Di Sekitar Tema dan Gaya Kartun Lat

Perkembangan tema dan gaya kartun-kartun Lat banyak dipengaruhi oleh latar belakang diri dan persekitarannya. Sejak kecil dia telah mula melukis komik dan kartun. Kecenderungan itu dipupuk oleh bapanya serta keluarga yang memang suka akan jenaka, di samping menerima galakan serta dorongan guru dan rakan-rakan. Dia lahir

local cartoon scene has contributed to his revered status as Malaysia's top cartoonist.

Themes and Style in Lat's Cartoons

The thematic and stylistic development of Lat's cartoons has been greatly influenced by the artist's background and his surroundings. He started drawing comics and cartoons when he was just a child. His interest was encouraged by his father and his family members who enjoyed humour, as well as by his teachers and friends. He was born and grew up in a Malay village that held strongly to its cultural roots. However, when he furthered his studies in an English secondary school in Ipoh, he moved to a multiethnic and multicultural environment, enabling him to understand and experience the life of the many different cultures and races of Malaysia at an early age.

Before becoming a cartoonist for the New Straits Times in 1975, Lat worked as a crime reporter for five years. This job enabled him to meet all types of people from all walks of life, allowing him to study human behaviour. The journalistic profession taught him to question and look for answers, sharpening his observation skills towards human psychology and his surroundings (Lat, 1994; Piyadasa, 1994).

Global and local cartoons played an equally important role in the thematic and stylistic development of Lat's cartoons. At the early stages of his involvement in cartoons, Lat referred to the works of such local cartoonists and comic artists as Raja Hamzah,[3] Saidin Yahya, Osman Baru, and Rosdin as his source

serta bersekolah dalam suasana persekitaran kampung Melayu yang kuat akar budayanya. Apabila melanjutkan pelajaran di sekolah menengah Inggeris di Ipoh, Lat belajar dalam suasana multibudaya dan multietnik, justeru memungkinkan dia memahami serta menyelami rentak hidup pelbagai bangsa dan budaya sejak usia yang muda.

Sebelum menjadi kartunis *New Straits Times* pada 1975, dia bertugas sebagai wartawan jenayah akhbar yang sama sejak 1970. Profesion ini membolehkan dia menemui pelbagai manusia, daripada berbagai-bagai latar kehidupan yang membolehkan dia mengenali ragam hidup manusia secara umumnya. Profesion kewartawanan mengajarnya menyoal serta mencari jawapan akan sesuatu, justeru turut

of inspiration. He drew his own cartoons based on their works, and sold them to his schoolmates. Most of these pioneer cartoonists' works revolved around such themes as warriors, love, the police, and social issues (Lat, 1994).

Among the Western cartoons that influenced Lat's early works were The Flintstones, The Jetsons, Huckleberry Hound, *and* Yogi Bear *(ibid). Lat's first comic, entitled "Three friends catch a thief" (1964) (Illustration 9), reveals a stylistic approach influenced by the characters of* Beano *and* Dandy *(Illustration 10), an English comic series that was very popular in the 1950s and 1960s. This was studied by Piyadasa who wrote that through this comic, Lat found a new rhythm in the development of his characters and in the injection of humour into his caricatures*

Illustrasi / Illustration 9 :

Lat, *Tiga Sekawan Menangkap Pencuri*, 1964

Illustrasi / Illustration 10 :

Two illustrations from the British comic books *Beano* and *Dandy*

mematangkan rasa kepekaan terhadap manusia dan persekitaran mereka (Lat, 1994; Piyadasa, 1994).

Kartun global dan tempatan sama-sama memainkan peranan penting dalam pembentukan tema dan gaya kartun-kartun Lat. Pada peringkat awal melukis, Lat merujuk karya-karya kartunis dan pelukis komik tempatan seperti Raja Hamzah,[3] Saidin Yahya, Osman Baru, dan Rosdin sebagai sumber inspirasi. Berdasarkan karya mereka, Lat melukis komik sendiri dan menjualnya kepada rakan-rakan di sekolah. Karya-karya kartunis dan pelukis komik perintis Melayu itu banyak berkisar pada tema kepahlawanan, percintaan, kepolisian, dan kemasyarakatan (Lat, 1994).

Antara kartun Barat yang turut menjadi inspirasi awal Lat ialah *The Flintstones, The Jetsons, Huckleberry Hound,* dan *Yogi Bear* (ibid). Komik pertama Lat *Tiga Sekawan Menangkap Penchuri* (1964) (Ilustrasi 9) menjelmakan gaya pengolahan watak-watak *Beano* dan *Dandy* (Ilustrasi 10), komik kartun Inggeris yang popular pada tahun-tahun 1950-an dan 1960-an. Hal ini turut disentuh Piyadasa dalam tulisannya yang menyebut bahawa melalui komik inilah Lat menemui rentak baru dalam membentuk penggayaan watak dan menjelmakan kelucuan dalam karikatur (1994: 40-41). Di samping bahan-bahan rujukan sekunder ini, pandangan kartunis Rejabhad (Ilustrasi 11) yang menjadi rakan karib Lat sejak 1966 turut berperanan dalam pembentukan gaya awal kartunis, terutamanya dari segi pengolahan bahasa dan dialog.[4]

Tema alam kanak-kanak yang menunjangi *Beano* dan

Illustrasi / Illustration 11 :
Rejab Had: "Majlis Perkahwinan", *Gila-Gila,*
15 Disember 2002.

(1994: 40-41). Beside these secondary references, Lat also sought the opinion of cartoonist Rejabhad (Illustration 11), who had befriended him since 1966, especially about issues of language and dialogue.[4]

The theme of a child's world that permeates Beano *and* Dandy *does not only appear in Lat's first comic, but can also be appreciated in his popular strip cartoon series "Mamat's Family" (Illustration 12), published in* Berita Minggu *since 1968. Through this series, Lat records human behaviour, scenes of daily life and familiar objects in a body of work that has a strong local flavour. Mamat himself is based on his younger brother who was five at the time (Lat, 1994: 17). Lat's interest in other cartoons revolving around the world of children such as*

Dandy bukan sahaja terjelma dalam komik sulung Lat, malahan turut dihayati dalam siri kartun lerang popularnya "Keluarga Si Mamat" (Ilustrasi 12) yang disiarkan akhbar *Berita Minggu* sejak 1968. Menerusi siri ini, Lat merakam manusia, suasana dan objek-objek persekitarannya, dalam membentuk karya yang berwajah dan berperibadi tempatan. Malahan, watak Mamat sendiri adalah adiknya yang ketika itu berusia lima tahun (Lat, 1994: 17). Minat Lat terhadap karya-karya kartun lain yang bertemakan alam kanak-kanak seperti "Peanuts" (Ilustrasi 13) oleh Charles Schulz (*Berita Minggu*, 18 Ogos 1968 dalam Lat, 1994: 20) turut menyumbang kepada pembentukan karya yang lebih matang.

Pendekatan Lat mewujudkan watak-watak khusus yang menjadi *trademark* dalam "Keluarga Si Mamat" serta pemilihan tema kekeluargaan seumpama ini boleh dihubungkan dengan karya kartunis tersohor Inggeris Carl Giles yang terkenal dengan siri kartun "The Giles Family" (Ilustrasi 14) dalam akhbar *Daily Express* dan *Sunday Express* sejak 1940-an. Menerusi siri ini, Giles dilihat sebagai seorang tokoh negara yang peka akan kehidupan masyarakat kelas menengah Inggeris. Kartun-kartun Giles menggarap kehidupan harian, daripada dunia pengguna, hubungan kekeluargaan dan kegemaran mereka. Penceritaan ini didukungi oleh watak-watak dalam keluarga yang terkenal dengan sikap dan peribadi khusus, seperti opah, bapa, ibu, kembar Lawrence dan Ralph, Ann, Carol, Bridget, Ernie, George, George Junior, Vera, anjing peliharaan mereka

"Peanuts" by Charles Schulz (Illustration 13) also contributed to the maturity of his style (Berita Minggu, 18 August 1968 in Lat, 1994: 20).

Lat's use of special characters that have become his trademark in "Mamat's Family", as well as his choice of the theme of family life, can be related to the works of English cartoonist Carl Giles who rose to fame with his cartoon series "The Giles Family" (Illustration 14) published in the Daily Express *and the* Sunday Express *since the 1940s. This series reveals Giles' acute awareness of the life of the English middle-class. His cartoons depict scenes of daily life, people as consumers, family relationships, and people's predilections.*

Illustrasi / Illustration 12 :
Lat: An episode from *Keluarga Si Mamat*, 1979, p.48.

Illustrasi / Illustration 13 :
Charles Schulz (USA): *Peanuts* comic strips.

bernama Rush, Natalie si kucing, dan ikan emas dipanggil Randy. Jika "The Giles Family" menjadi begitu popular kerana watak opah atau *grandma* yang Giles dasarkan kepada neneknya, "Keluarga Si Mamat" pula terkenal menerusi watak Mamat yang Lat jelmakan berdasarkan watak adiknya.

Karya-karya Lat dan Giles mempunyai persamaan bukan hanya melalui pemilihan tema, watak, dan jalan cerita, malahan menerusi kepekaan dan kehalusan lukisan mereka dalam menggambarkan watak dan persekitaran mereka. Watak-watak kartun Giles dipersembahkan dengan berlatar belakangkan landskap England yang sebenarnya. Meskipun seni kartun, lukisan Giles umumnya bersifat konvensional dan realistik. Antara kekuatan utama landskap Giles terletak pada kehebatannya merakam seni bina, ruang dan perspektif (Ilustrasi 15). Bangunan, rumah,

These portrayals are supported by the use of a cast of characters that possess their own attitude and personality, such as grandma, father, mother, the twins Lawrence and Ralph, Ann, Carol, Bridget, Ernie, George, George Junior, Vera, the pet dog Rush, Natalie the cat, and Randy the goldfish. While "The Giles Family" became very popular due to the character of grandma inspired by Giles' own grandmother, "Mamat's Family" reached popularity thanks to the character of Mamat, inspired by Lat's younger brother.

The works of Lat and Giles show similarities not only in the choice of theme, characters, and plots, but also in the artists' sensitivity and keen observation of their characters and their surroundings. Giles' cartoon characters are featured in a realistic English environment. Although mere cartoons, the drawings are conventional and realistic. Among their strengths is the artist's

Illustrasi / Illustration 14 :
"The Giles Family Tree" (UK) by Giles, 1945.

jalan kereta api, deretan kedai, kaki lima dan pokok-pokok yang dilukisnya adalah imejan England yang sebenarnya. Suasana ini yang memperkukuhkan identiti keinggerisan Giles, sebagaimana Lat di Malaysia menjelmakan identiti kemelayuan dan corak hidup tradisional dalam *Kampung Boy* dan "Keluarga Si Mamat".

Kampung Boy, Town Boy, dan "Keluarga Si Mamat" mencerminkan kepekaan Lat terhadap ruang persekitaran, landskap, bangunan dan manusia. Dalam *Kampung Boy,* suasana kampung digambarkan dengan begitu halus lagi terperinci menerusi imejan-imejan rumah dan alam flora yang dilukis rapi. Suasana pemandangan kampung dihidupkan menerusi lakaran kegiatan seharian penduduk yang bekerja di ladang getah, melombong bijih, membersihkan kebun, menjemur kain basuhan, berbasikal, berbelanja, dan berborak-borak di kedai kopi. Gelagat kanak-kanak yang penuh keriangan dan kenakalan menghidupkan suasana. Lat merakamkan kesemuanya itu dengan begitu teliti lagi terperinci dari pelbagai sudut gambaran yang kreatif bagaikan sebuah filem. Hal ini disokong pula oleh pengolahan figura yang kaya dengan ekspresi dan emosi sesuai dengan watak dan persekitaran mereka.

"Keluarga Si Mamat" pula menampilkan watak-watak utama seperti Mamat, Dolah, Osmang, Epit, Mastura, Yati, ibu, bapa, dan opah. Siri kartun yang sering berlegar pada alam kanak-kanak itu begitu melucukan terutamanya tentang lagak dan kenakalan adik kecil Mamat bernama

skill in rendering architectural details, space, and perspective (Illustration 15). Buildings, houses, railroad tracks, shop rows, sidewalks, and trees depict a realistic image of England. This contributes to strengthen Giles' English identity; in a similar manner, Lat's Malaysian identity permeates Kampung Boy, Town Boy, *and "Mamat's Family" through his detailed and realistic depiction of backgrounds, landscapes, buildings, and people.*

Illustrasi / Illustration 15 :
"The Giles Family" (UK) by Giles, 1945.

KELUARGA MAT JAMBUL

Illustrasi / *Illustration 16* :
Raja Hamzah: "Keluarga Mat Jambul", *Berita Harian,* **26 September 1967.**

Epit, perhubungan watak budak-budak lelaki dengan budak-budak perempuan, contohnya tentang kisah cinta Mamat yang tidak dibalas Yati, serta perkenalan mereka dengan budak Singapura bernama Mastura. Jenaka terbit melalui penampilan lagak kanak-kanak yang melakonkan watak atau cerita yang kebiasaannya dialami oleh orang dewasa. Dialog watak orang dewasa pula kadang-kadang agak serius, tetapi sering kali disulami jenaka penuh sinis. Di samping lukisan, teks juga memainkan peranan penting dalam siri kartun ini.

Kisah keluarga seperti ini memang menjadi tema popular kartun lerang global seperti "The Gambols" oleh Appleby, "The Giles Family" oleh Giles, "Andy Capp" oleh Smythe, dan "Hagar the Horrible" oleh Chris Browne. Di Malaysia, tema kemasyarakatan, terutamanya tentang perhubungan suami isteri, hidup berkeluarga, atau kisah rumahtangga sebelumnya dilukis oleh M. Salehuddin dalam siri "Jenaka" (*Utusan Zaman,* 1945) dan Raja Hamzah

In Kampung Boy, *the rural atmosphere is expressed through detailed renditions of traditional houses and local plants. The atmosphere is brought to life by sketches of the daily activities of the villagers who tap rubber trees, work in tin mines, weed out fields, or put the laundry out to dry, ride their bicycle, buy their daily groceries, or chat in a coffee shop. The atmosphere is further enlivened by the facetiousness of children. Lat manages to record all this in a detailed manner in a variety of creative perspectives reminiscent of cinematic techniques. This is supported by his expressive treatment of figures.*

"Mamat's Family" features a main cast of characters: Mamat, Dolah, Osmang, Epit, Mastura, Yati, mother, father, and grandma. The series that revolves around childhood is very amusing, especially when it deals with Epit's naughty behaviour, or the relationships between boys and girls such as Mamat's unrequited love for Yati or their acquaintance with Mastura, the girl from Singapore. Humour arises from the depiction of children placed in adult situations. The adult characters' dialogues can sometimes be quite serious, yet injected with a dose of cynicism. Text plays an essential part in the success of this cartoon.

The lives of such families is indeed a popular theme of strip cartoons everywhere, as can be seen in "The Gambols" by Appleby, "The Giles Family" by Giles, "Andy Capp" by Smythe, and "Hagar the Horrible" by Chris Browne. In Malaysia, social themes, and particularly relationships between husband and wife, were first depicted by M. Salehuddin in the series "Jenaka" (Utusan Zaman, 1945), and by Raja Hamzah in "Dol Keropok and Wak Tempeh" (Utusan Melayu and Utusan Zaman, March

menerusi siri "Dol Keropok dan Wak Tempeh" (*Utusan Melayu* dan *Utusan Zaman*, Mac 1956 - Mei 1959), dan "Keluarga Mat Jambul" (*Berita Harian* dan *Berita Minggu*, 1957-1981) (Ilustrasi 16). Lat meneruskan serta memperluaskan skop tema itu menerusi penampilan lebih banyak watak kanak-kanak bagi menghidupkan cerita dan jenaka. Watak orang dewasa seperti opah menambahkan nilai jenaka, terutamanya menerusi keseriusan wajah dan perwatakannya. Kisah keluarga yang lengkap merangkumi daripada watak nenek kepada cucu itu memungkinkan "Keluarga Si Mamat" dihubungkan dengan watak-watak dalam "The Giles Family", terutamanya melalui watak budak-budak lelaki dan perempuan yang saling usik mengusik serta opah yang serius lagi tegas, tetapi melucukan.

Perhubungan gaya karya Lat dengan Giles lebih terserlah menerusi kepekaan mereka merakamkan ekspresi watak dan suasana, seperti landskap persekitaran dan bangunan. Keterperincian lakaran bandar Ipoh oleh Lat dalam *Town Boy* ataupun deretan gerai-gerai di pekan dalam *Kampung Boy* menjelmakan identiti tempatan dan kemalaysiaan dalam karya-karya Lat, sebagaimana Giles menjelmakan identiti keinggerisan dalam "The Giles Family". Lat menunjukkan betapa aspek persekitaran memainkan peranan penting dalam karyanya, sama ada dalam bentuk lerang, editorial, mahupun animasi.

Karya Lat perlu didekati dengan mengambilkira konteks penghasilannya. Hal ini demikian kerana karya-

1956 to May 1959), and "Keluarga Mat Jambul" (Berita Harian and Berita Minggu, 1957 to 1981) (Illustration 16). Lat carried on with the theme, broadening its scope by including more children characters in order to enliven the story and vivify the humour. Adult characters such as grandma serve to add to the humour, especially through the seriousness of her expression and personality. This story of a complete family, ranging from the grandparents to the grandchildren, enables the comparison of "Keluarga Si Mamat" with "The Giles Family", particularly through the characters of the young children who constantly tease each other, and of the grandmother who is strict yet amusing.

The stylistic similarity between Lat and Giles also manifests itself through both artists' keen observation and rendition of human expressions and of their surroundings, such as landscapes and buildings. The detailed sketches of Ipoh in Town Boy and the shops in Kampung Boy endow Lat's works with a Malaysian identity comparable to the English identity of Giles' cartoons. Lat demonstrates that his surroundings play an essential part in his works, whether in the form of strip, editorial, or animated cartoons.

The relationship between the artwork and its context is one of the most important aspects in understanding Lat's works. This is due to the fact that they rely on the setting to build the characters, themes, subjects, landscape, time, atmosphere, and humour. Lat's references to his environment are not limited to his own personal background, namely, according to Piyadasa, life in a Malay village and schooling in a multi-cultural environment (1994: 41), but also spread to include a variety of

Illustrasi / Illustration 17 :
Rasyid Asmawi: "From Taiping With Love", *Gila-Gila*, **1 November 1987.**

social, political, and cultural facets of life in the country and abroad. Lat draws upon traditional and popular culture, referring to Malay literature for the symbolism of his editorial cartoons, or to P. Ramlee's films for the humour and dialogues of his early cartoons. As an artist, Lat is acutely aware of his surroundings, and he considers public image to be the most important aspect of his works.[5]

Lat's Influence on Local Styles and Themes

Lat's extreme attention towards his surroundings in the development of his themes and style has gained recognition and appreciation not only with his audience, but also with other cartoonists in the country. In this context, Lat has inspired many cartoonists, young and old alike. His drawing style is imitated, and his keen observation of his surroundings and of life in a village or in a country made up of many races, religions and cultures has incited other cartoonists to refer to their own surroundings in their works.

In the 1980s, the influence of Lat's drawing style could be clearly seen in the works of Zamriabu and Rasyid Asmawi. Zamriabu's cartoons, which appeared in entertainment magazines, showed a treatment of figures similar to Lat's. Men with large trousers and a nose represented by three curves, or bespectacled mothers with tightly tied hair, clearly relate Zamriabu's characters to those of "Mamat's Family" or Kampung Boy. The same phenomenon was also evident in Rasyid Asmawi's series "From Taiping With Love" published in Gila-

karyanya itu menjelmakan ruang persekitarannya, baik dari segi watak, tema, subjek, landskap, masa, suasana, mahupun jenaka. Rujukan Lat terhadap persekitaran tidak terbatas kepada latar dirinya yang antara lain menurut Piyadasa bersandarkan kehidupan di kampung Melayu serta alam persekolahan yang bersifat multibudaya (1994: 41), malahan kepada kepelbagaian aspek sosiopolitik dan budaya setempat mahupun global. Lat merujuk budaya tradisi dan popular, sebagaimana dia merujuk kesusasteraan Melayu menjadi landasan akan kiasan dan perlambangan kartun-kartun editorialnya, ataupun kepada gaya jenaka filem-filem P. Ramlee dalam mengolah dialog dan jenaka dalam kartun-kartun awalnya. Lat adalah seniman yang peka akan ruang persekitarannya dan sentiasa menganggap imejan khalayak sebagai aspek terpenting dalam pembentukan karyanya.[5]

Pengaruh Lat Terhadap Gaya dan Tema Kartun Tempatan

Keprihatinan Lat terhadap aspek-aspek persekitaran dalam pembentukan tema dan gaya karya ternyata berkesan dan diterima bukan hanya di kalangan khalayak,

Gila *(Illustration 17). The love story between Abang Mat and Kak Mon and their dates at a park near a lake were infused with the humour injected by two children called Ana and Nizam. Lat's treatment of figures was reflected in Kak Mon's hairstyle that recalled Mamat's, as well as in the addition of Ana and Nizam who mirrored the characters of "Mamat's Family". In*

Illustrasi / Illustration 18 :
Reggie Lee: *Good Morning Malaysia*

malahan turut mempengaruhi kartunis-kartunis lain di negara ini. Dalam konteks ini, Lat menjadi inspirasi banyak kartunis muda dan baru. Gaya lukisan Lat diikuti dan kepekaannya terhadap alam sekitar serta corak kehidupan di kampung dan di negara yang mempunyai kepelbagaian bangsa, agama dan budaya itu menggerakkan kartunis lain untuk merujuk kepada persekitaran mereka dalam berkarya.

Pada dekad 1980-an, gaya lukisan Lat dapat dihayati dengan jelas dalam karya-karya Zamriabu dan Rasyid Asmawi. Perhubungan gaya jelas kelihatan dalam karya-karya Zamriabu yang sering terbit dalam majalah-majalah hiburan ketika itu, terutamanya menerusi pengolahan rupa dan wajah figura. Lelaki berseluar besar dengan hidung berlekuk tiga, ataupun si ibu berkacamata dengan rambut terikat rapi jelas menghubungkan karya-karya Zamriabu itu dengan watak-watak dalam "Keluarga Si Mamat" ataupun *Kampung Boy*. Hal yang sama turut tercermin dalam karya Rasyid Asmawi yang popular iaitu "From Taiping With Love" (Ilustrasi 17) dalam majalah *Gila-Gila*. Kisah percintaan sepasang kekasih iaitu Abang Mat dan Kak Mon, serta pertemuan mereka di taman tasik sering kali disulami dengan kelucuan dua watak kanak-kanak bernama Ana dan Nizam. Gaya pengolahan figura Lat jelas kelihatan pada rambut Kak Mon yang mirip Mamat, serta menerusi watak Ana dan Nizam yang memercikkan watak-watak dalam "Keluarga Si Mamat". Secara umumnya, banyak kartunis muda yang mula berkarya dengan menyalin ataupun meniru kartun-kartun Lat.

Illustrasi / Illustration 19 :
C.W. Kee: *It's A Durian Life,*
1996

general, many young cartoonists started drawing by copying or imitating Lat's cartoons. In this context, has clearly influenced the style of contemporary Malaysian cartoons, in addition to creating a sustained interest in cartoons.

Lat's awareness of many aspects of the local culture is clearly reflected in "Scenes of Malaysian Life" published in the New Straits Times *since 1975. This has enabled other cartoonists to share the same inspiration, sketching without having to relinquish the Malaysian identity reflected in the cultural and ethnic diversity. Such cartoonists as Nan, Reggie Lee (Illustration 18) and C. W. Kee (Illustration 19) for instance clearly exhibit the same spirit, while it has begun to show in Nudin's editorial cartoons in* Berita Harian.

Beside their emphasis on Malaysia's ethnic and cultural

Illustrasi / Illustration 20 :
Ujang: *Aku Budak Minang,* 1988

diversity, the focus of Lat's cartoons on their environment has proved to be a catalyst for many cartoon series in local cartoon magazines, such as Gila-Gila, Gelihati, Mat Jenin, and Batu Api. *Personal experiences in villages, cities, or felda schemes have become the subjects of cartoons since the early 1980s, as in the cartoons by Ujang (Aku Budak Minang) (Illustration 20), Cabai (Tiga Dara Pingitan), Muliyadi (Ragam Peneroka) and Fatah (Lagak A. Mamud) (Illustration 21). In Sabah, Langkawit (Illustration 22) clearly takes after Lat, both in his thematic and stylistic approaches, to document features of the traditional culture and rural life of the Kadazandusun people. Lat created a local emphasis in Malaysian cartoons while demonstrating that inspiration exists all around us.*

Lat's works such as Kampung Boy, Town Boy, "Keluarga Si Mamat" *and* Kampung Boy - Yesterday and Today *clearly reflect the artist's own experience. This enables Lat to draw places that he has visited and people whom he has met in detail. Lat is in complete control of his material. Relying on his own experience, he is able to produce realistic, energetic and meaningful works, as in the cartoon novel* Mat Som. *This is what entitles Piyadasa to see Lat from two different perspectives, namely as a cartoonist who publishes regularly in the* New Straits Times *and* Berita Harian, *and as a novelist who creates narrative comics on serious themes based on his autobiographical experiences (1994: 46-47).*

Through his works, Lat demonstrates the importance of an artist's life experience as a source of inspiration. Constant and varied, it can be treated in a variety of approaches and forms.

Dalam konteks ini, Lat dengan jelas mempengaruhi gaya kartunis sezaman di samping mencetuskan minat khalayak terhadap seni kartun itu sendiri.

Kepekaan Lat terhadap pelbagai aspek budaya masyarakat di negara ini jelas tercermin menerusi "Scenes of Malaysian Life" dalam akhbar *New Straits Times* sejak tahun 1975. Hal ini memungkinkan karyawan-karyawan lain menimba inspirasi yang sama, berkarya tanpa membelakangkan aspek kemalaysiaan yang pelbagai budaya dan bangsanya. Karya-karya kartunis Nan, Reggie Lee (Ilustrasi 18) dan C. W. Kee (Ilustrasi 19) khususnya mencerminkan semangat yang sama, sementara ia kini menjalar dalam kartun-kartun editorial Nudin yang mula bertapak dalam akhbar *Berita Harian*.

Di samping kecenderungan kepada aspek kepelbagaian bangsa dan budaya, tema kartun-kartun Lat yang berasaskan persekitaran, khususnya tentang kehidupan di kampung telah menjadi salah satu katalis penting bagi banyak siri kartun dalam majalah-majalah komik kartun tempatan seperti *Gila-Gila, Gelihati, Mat Jenin*, dan *Batu Api*. Pengalaman hidup, baik di desa, kota, ataupun tanah rancangan felda menjadi subjek baru dalam karya-karya kartun sejak awal 1980-an, seperti dalam kartun "Aku Budak Minang" oleh Ujang (Ilustrasi 20), "Tiga Dara Pingitan" oleh Cabai, "Ragam Peneroka" oleh Muliyadi dan "Lagak A Mamud" oleh Fatah (Ilustrasi 21). Di Sabah, kartunis Langkawit dengan jelas menimba inspirasi dari Lat, baik dari segi tema mahupun gaya lukisan bagi

Illustrasi / Illustration 21 :
Fatah: *Lagak A. Mamud*, 1995

Illustrasi / Illustration 22 :
Langkawit: *Langkawit*
Rinukut-rukut, **1995**

merakamkan ciri-ciri budaya tradisi dan kehidupan desa masyarakat Kadazandusun (Ilustrasi 22). Lat membawa arus tempatan dalam dunia kartun Malaysia serta membuktikan bahawa idea dan inspirasi sentiasa berada di sekitar kita.

Karya-karya Lat seperti *Kampung Boy, Town Boy,* "Keluarga Si Mamat", dan *Kampung Boy: Yesterday and Today* dengan jelas mencerminkan pengalaman diri serta kisah hidup Lat sendiri. Hal ini memungkinkan Lat melakarkan dengan penuh terperinci lagi teliti akan tempat-tempat, ruang dan waktu yang dilaluinya, serta orang-orang yang dikenalinya. Lat benar-benar masak akan apa yang dilukisnya. Bersandarkan pengalaman diri, dia mampu menghasilkan karya yang realistik, bertenaga lagi bermakna, seperti dalam novel kartun *Mat Som.* Hal ini

Lat's success in drawing on his own experience to produce outstanding works of art has encouraged many other cartoonists to follow in his steps.

Strengths and Aesthetic Values of Lat's Cartoons

Several factors contribute to the strength of Lat's cartoons. Among them, Lat's awareness of the variety of traditions in a multicultural society and his concern for the vanishing aspects of Malaysian culture add to the Malaysian flavour of his works, hence rousing his audience's consciousness regarding questions of national and personal identity. Lat's treatment of political and social themes from a neutral perspective enables his works to be well received by all parties. His approach to depict international issues in a local context also make it possible for his cartoons to be better understood by local audiences. However, the most important factor is that through his humour, Lat manages to point out and criticize the flaws of society and of the government in a very subtle manner. Lat's criticisms conform to the ethical and aesthetic criteria of Malay comments, which must be subtle, indirect, and symbolic. This respect of tradition also contributes to enhance the Malay values of Lat's editorial cartoons.

Lat channels his comments and humour through images and text. Images are introduced directly, metaphorically, or symbolically through the use of scenes of daily life that include figures, objects, animals, and caricatures, set in realistic surroundings. In this context, metaphors are inspired by both

memungkinkan Piyadasa melihat Lat daripada dua aspek, iaitu sebagai kartunis akhbar yang menghasilkan karya secara tetap dalam *New Straits Times* dan *Berita Harian*, serta Lat yang *novelistic* kerana menghasilkan komik-komik naratif dan bertema serius berdasarkan pertimbangan-pertimbangan autobiografi (1994: 46-47).

Menerusi karya-karyanya, Lat menunjukkan betapa pengalaman peribadi atau kisah hidup sendiri merupakan sumber inspirasi terpenting bagi seseorang karyawan. Sumber inspirasi yang tidak pernah putus atau terhenti itu boleh diolah dalam pelbagai pendekatan dan rupa. Kejayaan Lat mengolah pengalaman diri sehingga menghasilkan karya-karya yang terkemuka telah mendorong banyak kartunis lain untuk mengikuti jejaknya.

Kekukuhan dan Nilai Estetika dalam Kartun Lat

Ada beberapa faktor yang menyumbang kepada kekukuhan kartun-kartun Lat. Antaranya, kepekaan Lat terhadap kepelbagaian adat dan tradisi masyarakat majmuk Malaysia serta keprihatinannya terhadap aspek-aspek kebudayaan Malaysia yang kian pupus mempertingkatkan ciri-ciri kemalaysiaan dalam karyanya, justeru membangkitkan kesedaran khalayak terhadap persoalan jati diri dan identiti kebangsaan. Langkah Lat menggarap tema-tema politik dan kemasyarakatan dengan sikap neutral memungkinkan karyanya itu diterima semua pihak. Pendekatan Lat mempersembahkan isu-isu antarabangsa dalam konteks

traditional and contemporary issues. The Malay aesthetic values that are incorporated into Lat's cartoons can be analyzed according to the six principles of Malay aesthetics, namely, according to Zakaria Ali, subtlety, usefulness, unity, opposition, symbolism, and meaning (1989). Although these principles generally represent the beauty of traditional art, their pertinence to other forms of art, including cartoon, ought to be seen and applied.

The Malayness of Lat's editorial cartoons can be appreciated through the refinement of his criticisms and metaphors, as for instance in works that depict the relationships between the palace,

Illustrasi / Illustration 23 :
Lat: From the comic book *Lat was Here*, 1995

Malaysia juga membolehkan karya-karyanya dihayati dengan lebih bermakna oleh khalayak tempatan. Namun, faktor yang paling penting ialah dalam jenaka kartun-kartunnya itu, Lat berupaya menyindir serta mengkritik secara halus akan kepincangan-kepincangan yang wujud dalam masyarakat dan pemerintah secara umumnya. Cara Lat mengkritik menepati etika dan estetika kritikan Melayu yang halus, berlapis lagi simbolik. Hal ini menjelmakan nilai-nilai kemelayuan dalam kartun editorialnya.

Lat menyalurkan kritikan serta jenaka menerusi imejan dan teks. Imejan dipersembahkan secara langsung, kiasan dan perlambangan menerusi penampilan suasana kehidupan harian yang merangkumi figura, objek, haiwan, dan karikatur. Dalam konteks ini, kiasan dibina sama ada bersumberkan hal tradisi mahupun kontemporari. Nilai-nilai estetika Melayu yang terjelma dalam kartun Lat boleh dipadankan dengan prinsip-prinsip estetika Melayu yang menurut Zakaria Ali merangkumi enam perkara, iaitu halus, berguna, bersatu, berlawan, berlambang, dan bermakna (1989). Meskipun prinsip-prinsip ini secara umumnya mencerminkan kehalusan seni tradisi, kesesuaiannya dengan bentuk-bentuk seni lain, termasuk kartun wajar dilihat dan dihayati.

Kemelayuan kartun editorial Lat boleh dihayati menerusi kehalusan kritikan dan kiasan, seperti dalam karya yang menggarap perhubungan istana, kerajaan, dan rakyat (sila lihat *Lat Was Here*, 1995: 73) (Ilustrasi 23). Dalam konteks ini, tulisan Hassan Ahmad mengenai metafora

the government, and the people (please see Lat Was Here, *1995: 73) (Illustration 23). In this context, Hassan Ahmad's writing about Malay metaphors, published in* Dewan Budaya *in February 2003, is of relevance. The article discusses Sultan Alauddin Syah's will and testament addressed to his son in* The Malay Annals, *which compares the relationship of the king with the government and the people to the metaphor of fire, wood and roots. According to the writer, the king's power is compared to fire, while his officials represent the firewood. Fire will not burn (the king will not rule) without firewood. In other words, the king cannot rule the country by himself without the cooperation of his officials. In Lat's cartoon, the wood represents the government. The king is also compared to a tree, while the people represent the roots. The king cannot exist without the people, just like a tree cannot grow or stand without roots.*

According to Hassan as well, the king is also compared to an umbrella or a shelter for the people, who support him. The people are not oppressed by the king, but instead they support him. In his cartoon, Lat placed the king at the very top of the tree, the government as the trunk, and the people as the roots. This cartoon clearly depicts the contemporary issue of constitutional amendments through a typically Malay metaphor inspired by traditional literature, in a subtle, symbolic and meaningful manner. Such characteristics contribute to strengthen the Malay qualities of Lat's editorial cartoons.

Besides referring to tradition, Lat also builds his metaphors based on contemporary events, objects and landscapes. For example, the lack of efficiency of the Post Office is represented by

Illustrasi / Illustration 24 :
Lat: From the comic book *Lat was Here*, **1995**

Melayu dalam *Dewan Budaya*, Februari 2003 boleh dirujuk. Antara lain, tulisan itu mengetengahkan Wasiat Sultan Alauddin Syah kepada anaknya dalam *Sejarah Melayu* yang menggariskan akan perhubungan raja dengan kerajaan dan rakyat melalui api, kayu dan akar sebagai kiasan. Menurut penulis, kuasa raja diumpamakan sebagai "api" manakala sokongan para pegawai diumpamakan sebagai "kayu". Api tidak akan "menyala" (iaitu berkuasa) tanpa sokongan atau kerjasama kayu untuk menyalakannya. Maksudnya, raja tidak berupaya memerintah negeri seorang diri tanpa

a fleet of steamrollers, a particularly slow piece of machinery (Lat Was Here, 1995: 67) (Illustration 24). Customers and bystanders are shown to be caught in slow-moving traffic, whether they are driving a car, a bus, a motorbike, or even a scooter. Everyone has to wait for his turn, regardless of status. The long wait is further emphasized by the presence of two traffic policemen. Lat's criticism here is subtle, yet cynical and meaningful.

The relationship between Lat's works and traditional literature is also revealed through his emphasis on the moral and educational aspects of his criticisms. For instance, he uses

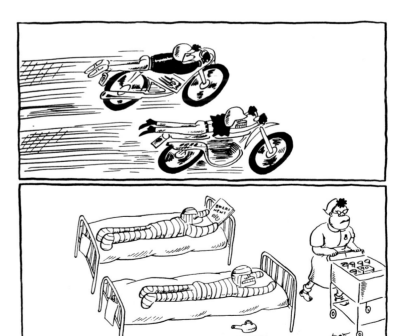

Illustrasi / Illustration 25 :
Lat: From the comic book *Lat was Here*, **1995**

kerjasama melalui pemuafakatan dengan para pegawainya, dalam konteks kartun Lat, kerajaanlah yang dikiaskan sebagai pohon kayu itu. Raja juga diumpamakan sebagai pohon, manakala rakyat diumpamakan sebagai akar. Raja tidak akan ada tanpa rakyat, sebagaimana pokok, tidak akan tumbuh atau berdiri tanpa akar.

Menurut Hassan lagi, menerusi metafora ini, raja disifatkan sebagai payung atau tempat naungan rakyat, dan rakyat sebagai pendukung (akar) raja: kedudukan rakyat bukan

Illustrasi / Illustration 26 :
Lat: From the comic book *Lat As Usual*, 1990

sebagai hamba raja tetapi sebagai "pendukung" raja. Lat menerusi kartunnya meletakkan raja di pucuk atau puncak pohon yang tertinggi, sementara kerajaan sebagai batang pokok, dan rakyat sebagai akar. Karya Lat ini dengan jelas telah menampilkan isu sezaman mengenai pindaan perlembagaan menerusi kiasan yang begitu kemelayuan dan bersumberkan kesusasteraan tradisi, yang halus, berlambang lagi bermakna. Ciri-ciri inilah yang telah

aggressive humour to condemn the abominable attitudes of motorists that are seen to be the cause of the alarming accident rate in the country. In Lat Was Here *(1995: 33) (Illustration 25), the extreme attitudes of illegal motorbike racers cause them to end up in a hospital bed. Beyond the humour, the cartoon contains moral values. Although the scene depicts the result of an accident, the characters do not die and can bear the blame for their bad attitudes. The humour of the situation is unique and reflects Malay aesthetic values based on the principle of opposition.*

The opposition or contrast of characters is a source of humour beside encompassing critical values. Generally, Lat depicts politicians in unusual, abnormal or unexpected situations, for example to mark the pending general elections. In this context, the contrast between the characters and their actions is both the source of humour and the motif for condemnation. For instance, in Lat as Usual, *(1990: 58) (Illustration 26), Lat depicts*

memperkukuhkan nilai-nilai kemelayuan serta estetika Melayu dalam kartun editorial Lat itu.

Di samping merujuk tradisi, Lat turut membentuk kiasan berdasarkan suasana kontemporari, seperti objek dan pemandangan harian. Sebagai contoh, kelembapan perkhidmatan pos pada suatu ketika dahulu telah dikiaskan dengan pergerakan jentera steamroller yang diketahui umum begitu perlahan (*Lat Was Here*, 1995: 67) (Ilustrasi 24). Khalayak dan pelanggan pula digambarkan terperangkap dalam keadaan itu, seperti pemandu kereta dan bas, ataupun penunggang skuter dan motosikal yang terpaksa menunggu giliran tanpa pilihan. Hal keterpaksaan menunggu itu dikiaskan pula dengan kehadiran dua figura polis trafik yang mengawal keadaan. Lat secara halus lagi sinis mengkritik penuh bermakna.

Perhubungan karya Lat dengan kesusasteraan tradisi turut terpancar menerusi penekanan kepada aspek-aspek moral, pengajaran dan pendidikan dalam kritikan. Sebagai contoh, dia menggunakan jenaka agresif untuk menggambarkan serta menghukum sikap buruk pengguna jalan raya yang menyebabkan kemalangan. Dalam *Lat Was Here* (1995: 33) (Ilustrasi 25), sikap melampau pelumba motosikal haram akhirnya berkesudahan di atas katil hospital. Dalam ketawa, masih ada nilai-nilai moral yang diselitkannya. Meskipun menggambarkan insiden kemalangan, sasaran kritikannya tidak terkorban, tetapi dipersembahkan dalam nada gurauan sebagai suatu bentuk hukuman terhadap sikap buruk mereka. Hal demikian

politicians who are willing to do anything in order to gain votes. The contrast between their actions and reality is the source of humour.

Besides Lat's self-portrait, several characters keep appearing in his cartoons, such as the old Chinese woman, the bold Chinese man, the bespectacled chubby Indian man, the Sikh man, and the Malay couple on a scooter. These characters have become his trademarks. However, unlike the characters in strip cartoons who are endowed with their own personality, the characters in editorial cartoons can change according to the issues depicted. Generally, they serve to represent the ethnic diversity of the country as well as Lat's sensitivity to this. As for the artist's self-portrait, apart from being his visual signature and a reflection of his personal experiences, it also places the emphasis on his commitment to the issue depicted.

Illustrasi / Illustration 27 :
Lat: *New Straits Times,* **10 Ogos 1993.**

menambahkan keunikan serta nilai estetika Melayu berasaskan prinsip berlawanan.

Aspek berlawanan atau percanggahan watak turut mewujudkan jenaka di samping membawa nilai-nilai kritikan dan teguran. Dalam hal ini, lazimnya Lat menggambarkan kelakuan serta aksi orang politik yang ganjil, luar biasa dan luar jangkaan untuk menunjukkan suasana, contohnya menjelang pilihan raya. Dalam konteks ini, ciri-ciri percanggahan atau pertentangan watak dengan realiti dan perbuatan membangkitkan nilai-nilai jenaka dan sindiran. Sebagai contoh, dalam *Lat As Usual*, (1990: 58) (Ilustrasi 26), Lat melukiskan betapa pemimpin politik sanggup melakukan pelbagai kerja di dapur untuk menambat hati pengundi. Percanggahan atau perlawanan aksi dengan realiti ini memungkinkan jenakanya timbul lagi menyerlah.

Di samping potret diri, ada beberapa watak yang sering muncul dalam kartun-kartunnya, seperti nyonya tua, lelaki Cina berkepala botak, lelaki India gempal berkaca mata, lelaki Sikh, serta pasangan Melayu berskuter. Watak-watak ini sudah menjadi *trademark* dalam kartun-kartunnya. Namun begitu, tidak seperti watak-watak kartun lerang yang memiliki peranan khusus, watak-watak dalam kartun editorial boleh berubah-ubah mengikut isu yang diketengahkan kartunis. Secara umumnya, mereka mencerminkan kepelbagaian etnik negara ini serta kepekaan Lat terhadap kemajmukan bangsa dan budaya Malaysia. Selain daripada menjadi tanda tangan visual dan cerminan

Lat generally expresses analogies through the use of daily scenes and ordinary objects. For example, the moral crises faced by loitering teenagers are expressed through their facial expressions and their location (Illustration 27), the inefficiency of the postal service is represented by the slow motion of steamrollers, while politicians' hypocrisy is depicted by placing them in a modest kitchen, a location that is unusual for them yet ordinary for anyone else. In this context, the contrast between characters and reality creates the humour. The analogies are strengthened by the detailed characteristics of the daily objects or animals that are used to represent human behaviour or social, economic, or political issues. Unlike editorial cartoons before him which relied on proverbs or sayings, Lat's choice of symbols depends more on physical appearance.

From the perspective of textual manipulation, Lat's editorial cartoons include short, compact dialogues or words in the form of conversations and puns (Illustration 28). This use of concise dialogues differentiates Lat's cartoons from pre-independence editorial cartoons that generally contained long texts. Some of Lat's cartoons are even wordless, thus letting the humour sparkle through the characters' facial expressions and actions.

Humour plays an essential part in Lat's cartoons, especially in his treatment of local issues. Humour is a medium to convey satire and criticism, beside its entertainment value. Extreme forms of humour might not be well received by the local audience, hence the moderation of Lat's humour is well adapted to the taste of Malaysian society that is keenly aware of dos and don'ts in

pengalaman diri, penampilan potret diri Lat dalam kartun-kartunnya pula menekankan akan komitmen dirinya terhadap sesuatu isu yang digambarkan.

Banyak kiasan dalam kartun Lat yang diungkap menerusi gambaran pemandangan harian dan objek-objek lumrah. Sebagai contoh, krisis moral remaja seperti budaya lepak digambarkan menerusi wajah dan lokasi (Ilustrasi 27), kelembapan perkhidmatan sesebuah agensi awam dikiaskan dengan pergerakan jentera steamroller, sementara kepura-puraan orang politik digambarkan menerusi kelakuan dan aksi mereka yang ganjil, luar biasa dan luar jangkaan. Dalam konteks ini, ciri-ciri percanggahan atau pertentangan watak dengan realiti dan perbuatan membangkitkan nilai-nilai jenaka dan sindiran. Nilai-nilai kiasan diperkukuhkan Lat menerusi perincian terhadap ciri-ciri khusus pada objek ataupun haiwan yang digunakan bagi menggambarkan tingkahlaku manusia ataupun suasana sosial, ekonomi dan politik. Tidak seperti kartun-kartun editorial sebelum merdeka, pemilihan simbol dalam kartun Lat lebih banyak bersandar kepada rupa bentuk ataupun ciri-ciri fizikal, dan bukannya pada aspek simpulan bahasa ataupun peribahasa.

Dari segi penggunaan teks, kartun-kartun editorial Lat terbentuk menerusi kata-kata ataupun dialog yang ringkas, padu dan padat dalam bentuk perbualan dan mainan kata-kata ataupun *pun* (Ilustrasi 28). Penggunaan teks ringkas ini membezakan kartun-kartun Lat dengan kartun-kartun editorial sebelum merdeka yang lazimnya

Illustrasi / Illustration 28 :
Lat: From the comic book
Lat As Usual, 1990

Illustrasi / Illustration 29 :
Lat: From the comic book
Entahlah Mak...! 1990

mengandungi teks yang panjang. Ada kartun Lat tanpa dialog, justeru jenaka dan mesejnya disalurkan menerusi rupa dan aksi watak-wataknya.

Jenaka memainkan peranan penting dalam kartun-kartun Lat, khususnya dalam menggarap isu-isu tempatan. Jenaka menjadi wadah untuk menyalurkan satira dan kritikan di samping menjadi bahan hiburan. Jenaka yang keterlaluan mungkin sukar diterima khalayak tempatan, justeru itu kesederhanaan jenaka dalam kartun Lat amat sesuai dengan citarasa masyarakat pembaca yang sentiasa peka akan apa yang patut dan tidak patut dalam kehidupan. Bagi masyarakat Melayu secara umumnya, kesederhanaan seringkali menjadi landasan hidup yang berpatutan.

Seperti kartunis-kartunis editorial seangkatannya, kartun-kartun editorial Lat tentang isu-isu tempatan turut menyentuh persoalan-persoalan sikap dan sifat Melayu (Ilustrasi 29), di samping mengkritik dan mendedahkan kepincangan-kepincangan dalam masyarakat dan sistem pentadbiran awam secara umumnya. Pendekatan atau sikap neutral Lat dalam menggarap isu-isu tersebut memungkinkan kartun-kartunnya itu dibaca khalayak sebagai suatu bentuk kritikan yang jujur terhadap kepincangan-kepincangan yang wujud dalam masyarakat. Dalam konteks ini, tiada siapa yang terlepas daripada ketajaman mata pena Lat yang melihat pelbagai lapisan masyarakat secara saksama dalam karya-karyanya.

Contohnya, karya Lat tentang masalah-masalah sosial yang melanda masyarakat Melayu seperti budaya lepak,

life. In Malay culture as a whole, moderation is a highly praised value.

Like his contemporaries, Lat's editorial cartoons about local issues depict Malay attitudes (Illustration 29), beside condemning the flaws that the artist sees in society and in the public service in general. Lat's neutral approach enables his works to be read by the public as an honest form of criticism towards social ills. In this context, no one can escape from Lat's scrutiny as he looks at all layers of society equally in his works.

Ilustrasi / Illustration 30 :
Lat: Cartoon in *The New Straits Times*, 12 June 1993.

khalwat (Ilustrasi 30), dan judi bukanlah semata-mata suatu satira tentang krisis moral Melayu, tetapi boleh dilihat sebagai suatu bentuk kritikan terhadap kepimpinan dan masyarakat Melayu yang turut bertanggungjawab terhadap permasalahan-permasalahan itu. Dalam karya yang mengupas isu-isu berkaitan golongan diraja dan parti pembangkang, Lat mengekalkan sikap neutralnya dengan berusaha menggambarkan keadaan sebenar, bukannya secara membuta-tuli menyokong kerajaan. Malahan, kartun-kartunnya mengenai budaya kerja tempatan dan corak hidup masyarakat Malaysia secara umumnya disulami dengan satira dan kritikan tajam yang ditujukan kepada masyarakat dan pemerintah secara keseluruhannya. Sikap neutral Lat dalam menggarap isu-isu tempatan ini membezakan karyanya daripada karya-karya kartunis seangkatannya.

Dalam kartun editorial mengenai isu antarabangsa, terutamanya berkaitan krisis sosiopolitik di negara-negara Islam, pendirian dan pendekatan Lat sehaluan dengan kartunis-kartunis tempatan dan global. Di samping melukiskan kesengsaraan umat Islam, Lat secara langsung dan terang-terangan mengecam serta mengkritik sikap serta dasar double standard Barat dan kuasa-kuasa besar dalam menangani isu tersebut (Ilustrasi 31 dan 32). Dalam konteks ini, pendekatan dan gaya Lat lebih bersifat universal dan *multicultural*, justeru dapat dihayati dan dimengerti oleh audiens daripada pelbagai latar budaya. Dalam karya tertentu, Lat juga menghubungkan kesan isu-isu

Illustrasi / Illustration 31 :
Lat: Political Cartoon,
Be Serious ! 1992

For example, Lat's comments about the social problems affecting Malay society, such as loitering, sex before marriage (Illustration 30), and gambling, do not merely satirize the Malay moral crisis, but can also be seen as a form of criticism of the country's leadership and of Malay society in general that must share responsibility for these problems. In works that illustrate issues related to royalty or the opposition, Lat maintains his neutrality by attempting to remain objective and not always blindly supporting the government's point of view. His cartoons about the local work culture and life in general are peppered with sharp observations directed at society and the government. Lat's neutral stand in depicting local issues differentiates his

antarabangsa itu terhadap masyarakat serta suasana ekonomi dan sosiopolitik tempatan, misalnya kenaikan harga minyak akibat Perang Teluk (Ilustrasi 33), lantas memungkinkan ia dihayati khalayak dengan lebih bermakna lagi berkesan.

Kesimpulan

Kehalusan seni, satira, dan kritikan Lat dalam menangani isu-isu tempatan sesungguhnya merupakan aspek estetik terpenting dalam karya-karyanya. Pendekatan Lat mensasarkan karyanya kepada keseluruhan masyarakat memungkinkan ia dihayati oleh khalayak tanpa mengira bangsa, agama, usia, profesion, dan kedudukan. Hal ini

works from his contemporaries.

In his editorial cartoons regarding international issues, and particularly those depicting sociopolitical crises in Muslim countries, Lat's approach is similar to that of other local and foreign cartoonists. Besides drawing the sufferings of fellow Muslims, Lat openly criticizes the West and the Big Powers for their double-standards in their handling of the crises (Illustrations 31 and 32). In this context, Lat's approach is more universal and multicultural, thus easily understood by an audience with varied cultural backgrounds. In some works, Lat even relates the consequences of international crises to the local economic and sociopolitical environment, for instance the augmentation of the price of gasoline as a result of the Gulf War (Illustration 33), thus enabling the audience to understand the issues at hand better and more efficiently.

Conclusion

The subtlety of Lat's artistic style, satire, and criticism when dealing with local issues represents the most important aesthetic aspect of his works. Such an approach makes his works accessible to everyone, regardless of race, religion, age, occupation, or status. This is further strengthened by humour and skill in the depiction of the essence of Malaysian life and of vanishing cultural characteristics. Lat's ability to capture meaning at many different levels through scenes of daily life empowers his works to be more than simple documentation or commentaries on life and function as a medium for society to express their dissatisfaction. Lat's

diperkukuhkan oleh jenaka serta ketrampilan seni dalam menggambarkan akan inti kehidupan masyarakat Malaysia serta ciri-ciri budaya yang semakin pupus. Kepintaran Lat mengungkapkan makna tersurat dan tersirat menerusi gambaran kehidupan seharian memperkukuhkan peranan karyanya, bukan hanya sebagai suatu bentuk dokumentasi ataupun komentar kehidupan, tetapi sebagai suatu saluran untuk masyarakat melahirkan rasa tidak puas hati mereka terhadap sesuatu sistem mahupun keadaan. Kartun Lat menjadi jambatan yang menghubungkan nilai-nilai tradisi dan kontemporari.

Setelah berkecimpung hampir empat puluh tahun dalam profesion perkatunan, Lat masih bertahan dan tetap terus teguh berkarya. Hal ini ada hubungan dengan kata ucapnya sewaktu majlis perisytiharan anugerah Kesenian dan Kebudayaan Fukuoka, bahawa "kartun adalah suatu medium komunikasi yang paling berkesan di dunia. Menerusi kartun, kita berusaha untuk memahami antara satu dengan lain secara positif dan jujur."

Ketokohan Lat dalam dunia perkartunan sudah terserlah dan diiktiraf dunia. Karyanya yang meliputi pelbagai genre itu memungkinkan mesejnya menemui sasaran melalui pelbagai cara. Berdasarkan sumbangan besarnya, dia menerima pelbagai anugerah yang bukan sahaja mencerminkan kejayaan peribadinya, malahan turut mempertingkatkan taraf seni lukis kartun Malaysia secara umumnya. Lat adalah Bapa Seni Kartun Kontemporari Malaysia.

cartoons form a link between traditional and contemporary values.

After almost forty years of commitment to the cartooning profession, Lat is still going strong. As he said it himself in his acceptance speech during the Fukuoka Art and Culture award ceremony, "cartoon is the most effective medium of communication in the world. Through cartoon, we strive to understand one another in a positive and honest manner."

Lat's prominence in the world of cartoon has gained global recognition. His invaluable contribution has been rewarded many times, reflecting not only his personal achievements, but also elevating the status of Malaysian cartoon in general. For all these reasons, Lat is truly the Father of Contemporary Malaysian Cartoons.

Translated by:

Brigitte F. Bresson @ Saleha Abdullah.

Illustrasi / Illustration 33 :
Lat: From the comic book
Lat As Usual, **1990**

Notakaki

1. Anugerah tersebut dianjurkan oleh bandar raya Fukuoka sejak tahun 1990 bagi menghargai pencapaian cemerlang individu mahupun organisasi yang berperanan memelihara serta mengembangkan kebudayaan Asia yang unik lagi pelbagai. Di samping memperlihatkan keprihatinan Fukuoka terhadap kebudayaan rantau ini, anugerah tersebut juga mencerminkan suatu usaha menyuburkan rangkaian kesefahaman dan interaksi antara masyarakat Asia.

2. Sila rujuk Lat, 1994. "Lat on Lat" dalam **Lat 30 Years Later.** Petaling Jaya: Kampung Boy Sdn. Bhd.

3. Lat, "Lat on Lat", 1994: 4.

   "I started drawing my own comics because I wanted to do what Raja Hamzah did. I drew my own ghost stories and brought them to school".

4. Lat, "Lat on Lat", 1994: 15.

   "Rejab was an army man based in Sarawak, and he was the one who kept the caricaturing community together. I liked Rejab's cartoons. I couldn't draw anything like that because he was an adult and he understood adult problems - like *mas kawin* (dowry), an army man being transferred to a remote place, husband and wife stuff. I didn't know anything about that. I was just in Form 3. So he was the one who guided me to do better and more meaningful things".

5. Lat, "Lat on Lat", 1994: 35.

   "These days sometimes it's very hectic, sometimes there are a lot of job offers. I have to turn down some. My basic philosophy about accepting jobs is that as long as the product can be identified with the crowd - with the Sikh in it - then it's okay. Public places, public service, the postal department, bus stations, transport companies - these are places where the crowd is".

Notes

1. *This award has been organized by the city of Fukuoka since 1990 in recognition of the outstanding achievements by individuals or organizations to preserve and develop Asian culture. Besides demonstrating Fukuoka's concern for the culture of the region, this award also reflects an effort to enhance understanding and interactions among Asian societies.*

2. *Please refer to Lat, 1994. "Lat on Lat" in **Lat 30 Years Later.** Petaling Jaya: Kampung Boy Sdn. Bhd.*

3. *Lat, "Lat on Lat", 1994: 4.*

   "I started drawing my own comics because I wanted to do what Raja Hamzah did. I drew my own ghost stories and brought them to school".

4. *Lat, "Lat on Lat", 1994: 15.*

   "Rejab was an army man based in Sarawak, and he was the one who kept the caricaturing community together. I liked Rejab's cartoons. I couldn't draw anything like that because he was an adult and he understood adult problems - like mas kahwin (dowry), an army man being transferred to a remote place, husband and wife stuff. I didn't know anything about that. I was just in Form 3. So he was the one who guided me to do better and more meaningful things".

5. *Lat, "Lat on Lat", 1994: 35.*

   "These days sometimes it's very hectic, sometimes there are a lot of job offers. I have to turn down some. My basic philosophy about accepting jobs is that as long as the product can be identified with the crowd - with the Sikh in it - then it's okay. Public places, public service, the postal department, bus stations, transport companies - these are places where the crowd is".

Rujukan / References

Giles, 1996. **50th Giles Commemorative Annual.** Devon: Pedigree Books.

Gombrich, E. H., 1963. **Meditations on a Hobby Horse and Other Essays on the Theory of Art.** London: Phaidon Press.

Hassan Ahmad, Februari 2003. "Berfikirlah..." dalam **Dewan Budaya.** Kuala Lumpur: Dewan Bahasa dan Pustaka.

Horn, M. (ed.), 1981. **The World Encyclopedia of Cartoons.** New York: Chelsea House Publishers.

Jayasankaran, J., 1 June 1989. "Lat: Society's Genial Mirror" in **Malaysian Business.** Kuala Lumpur: Berita Publishing Sdn. Bhd.

Lat, 1979. **The Kampung Boy.** Kuala Lumpur: Berita Publishing Sdn. Bhd.

Lat, 1979. **Keluarga Si Mamat.** Kuala Lumpur: Berita Publishing Sdn. Bhd.

Lat, 1980. **With A Little Bit of Lat.** Kuala Lumpur: Berita Publishing Sdn. Bhd.

Lat, 1983. **Lat and His Lot Again.** Kuala Lumpur: Berita Publishing Sdn. Bhd.

Lat, 1985. **Entahlah Mak...!** Kuala Lumpur: Berita Publishing Sdn. Bhd.

Lat, 1985. **It's A Lat Lat Lat Lat World.** Kuala Lumpur: Berita Publishing Sdn. Bhd.

Lat, 1987. **Lat and Gang.** Kuala Lumpur: Berita Publishing Sdn. Bhd.

Lat, 1989. **Better Lat Than Never.** Kuala Lumpur: Berita Publishing Sdn. Bhd.

Lat, 1990. **Lat As Usual.** Kuala Lumpur: Berita Publishing Sdn. Bhd.

Lat, 1992. **Be Serious!** Kuala Lumpur: Berita Publishing Sdn. Bhd.

Lat, 1994. "Lat on Lat" dalam Lat, 1994. **Lat 30 Years Later.** Petaling Jaya: Kampung Boy Sdn. Bhd.

Lat, 1994. **Lat 30 Years Later.** Petaling Jaya: Kampung Boy Sdn. Bhd.

Lat, 1995. **Lat Was Here.** Kuala Lumpur: Berita Publishing Sdn. Bhd.

Lent, J. A., ed., 2001. **Animation in Asia and the Pacific.** London: John Libbey.

Lent, J. A., Spring 2003. "Cartooning in Malaysia and Singapore: The Same, but Different" dalam **International Journal of Comic Art.** Vol. 5, No. 1, Spring 2003, hal. 256-289.

Mohammad Puad Bebit, "Langkawit: Transfomasi Sosiobudaya dalam Seni Kartun", Kertas Kerja Seminar dan Bengkel Seni Kartun 2 Dimensi Berasaskan Komputer 2003, Anjuran Sekolah Pengajian Seni, Universiti Malaysia Sabah, 26-28 Jun 2003.

Muliyadi Mahamood, 1997. "The Development of Malay Editorial Cartoons" dalam **Southeast Asian Journal of**

Social Science. Volume 25, Number 1 (1997), hal.37-58.

Muliyadi Mahamood, 1997. **Malay Editorial Cartoons: The Development of Style and Critical Humour.** Ph.D Thesis, University of Kent at Canterbury, Kent, England.

Muliyadi Mahamood, 1998. "Perkembangan Awal Kartun Lerang Melayu" dalam **Inti.** Jilid XIII, Bilangan 1 dan 2, hal.34-42.

Muliyadi Mahamood, 2001. "The History of Malaysian Animated Cartoons" dalam Lent, J. A., ed., 2001. **Animation in Asia and the Pacific.** London: John Libbey.

Muliyadi Mahamood, April 2003. "Tema Kemelayuan dalam Kartun Lat" dalam **Dewan Budaya.** Kuala Lumpur: Dewan Bahasa dan Pustaka, April 2003, hal. 40-42.

Muliyadi Mahamood, Spring 2003. "An Overview of Malaysian Contemporary Cartoons" dalam **International Journal of Comic Art.** Vol. 5, No. 1, Spring 2003, hal. 292 - 304.

Muliyadi Mahamood, Julai - September 2003. "Gaya dan Tema Kartun Editorial Melayu" dalam **Pemikir.** Kuala Lumpur: Utusan Melayu (Malaysia) Bhd. , ISIS, Julai - September 2003, hal. 193-223.

Redza Piyadasa, 1981. **Pengolahan Lanskap Tempatan dalam Seni Moden Malaysia 1930-1981.** Kuala Lumpur: Muzium Seni Negara.

Redza Piyadasa, 1994. "The Cartoonist - An Appreciation and Tribute" dalam Lat, 1994. **Lat 30 Years Later.** Petaling Jaya: Kampung Boy Sdn. Bhd.

Suning, D., 2002. **Langkawit Rinukut-rukut.** Kota Kinabalu: Kadazandusun Language Foundation.

Suning, D., 2002. **Langkawit Aramai Iti.** Kota Kinabalu: Kadazandusun Language Foundation.

Tory, P., 1993. **The Giles Family: The Illustrated History of Britain's Best-Loved Family.** London: Headline Book Publishing Ltd.

Wilmott, J. R., March 1989. "Lat: Malaysia's Favorite Son" in **Reader's Digest.** Hong Kong: Reader's Digest Association Far East Ltd.

Zainal Rashid Ahmad, 9 April 1995. "Wawancara: Kartun Mekanisme Intelektual - Lat" dalam **Mingguan Malaysia.** Kuala Lumpur: Utusan Melayu (M) Bhd.

Zakaria Ali, 1989. **Seni dan Seniman.** Kuala Lumpur: Dewan Bahasa dan Pustaka.

From *Scenes of Malaysian Life*

LAT, THE CARTOONIST - AN APPRECIATION*

BY **Redza Piyadasa**

Lat's real significance within the Malaysian cultural context must certainly lie in his ability to project an all-encompassing portrayal of the total Malaysian reality. In a country where novelists, artists, dramatists, film-makers and musicians have, by and large, been limited by self-conscious ethno-centric perceptions and delineations, his ability to draw his themes and ideas from the wide spectrum of this nation's complex and colourful multi-racial milieu marks him out as an extraordinary individual and creative personality. It would be no exaggeration to state that he is, perhaps, the best known and best loved cultural personality in this country, admired by old and young alike. His phenomenal popularity and acceptance by the Malaysian public may be explained by the fact that people of all races in this country can readily identify with Lat's cartoons and comic books and laugh with him.

He is that rare phenomenon – a genuine "Malaysian" in his artistic outlook. Although of Malay ancestry, his depictions of the Malaysian condition have never been restricted to a purely Malay viewpoint but rather, he has consistently projected a broader "Malaysian" vision and interpretation of the contemporary reality. And, as he has matured as a serious cartoonist, he has even begun to reflect an even larger, more universalised view of humanity. This is truly an achievement for a local creative artist.

His achievements seem all the more remarkable when we are reminded that he had already become a Malaysian icon and one man cultural institution when he was still in his mid-twenties. He is now forty-three years old but for us, his admirers, there is this feeling that he has been around for ages. Such is the consequence of his image and his body of work that have already been firmly stamped within the cultural consciousness of this nation. Lat's cartoons have, in fact, already become an indispensable part of our everyday expectations!

Lat was already producing drawings and comic books in primary school. Later, when he was in secondary school, he began to sell his cartoons and comic books to Malay film magazines and also, to local Malay publishers. In those days, cartooning had not become the appreciated profession that it is today. There was a small group of pioneering Malay cartoonists working then such as Raja Hamzah and Rejab Had. He initially imitated them through his earlier exposure to Malay newspapers and comic books. His earliest comic

---

* *This essay was written in 1994 and was included in the book* Lat 30 Years Later, *which was published in 1994. The factual contents related herein, as discussed in the original 1994 essay, have not been altered.*

books dealt with Malay warriors, smugglers and ghost stories. His first comic book *Tiga Sekawan* was published by Sinaran Brothers in Penang in 1964 and he was paid twenty five dollars for it.

In those earlier days when Lat was still a schoolboy, the cartoonist's profession was not without its obvious challenges. There was very little money paid to cartoonists then but for a young and creative schoolboy like he was, getting a money order in the post for the sums of fifteen and twenty five dollars for his published cartoons could prove inspiring indeed. Money was still big during the early 1960's, and he was able to take his best friends to the cinema and, after that to a grand feast. And with what was still left, he could still buy some more comic books. In short, even as a schoolboy he was already convinced that he wanted to be a cartoonist – a profession that very few schoolboys of his generation knew anything about, let alone aspired towards.

In short, he had very early on become hooked on to cartooning and we Malaysians can be grateful today that he never ever wavered in his decision to become a cartoonist. That talented schoolboy has today become Malaysia's most famous cartoonist, recognised both locally and internationally, for his unique and original portrayals of this nation and its polyglot peoples.

In my conversations with him, he has mentioned that after he was transferred to an English-language school in Ipoh, he became a voracious reader of the British comic books *Beano* and *Dandy* that were especially popular with schoolchildren during the 1950's and the 1960's. He has revealed that it was from these comic books that he acquired a new tendency towards exaggerated distortion and humorous caricature. More significantly, *Beano* and *Dandy* had also opened up to the impressionable Malaysian schoolboy a wider and more sophisticated world of cartooning than that which he had initially been nurtured on. Our appreciation of the more matured Lat is that much more meaningful today when we study his very rich repertoire of character types in the light of this revelation regarding the early formative influence of the *Beano* and *Dandy* comic books. He continued to draw and to improve his skills at caricature. There is a saying, "The boy is father of the man." How true it is, in Lat's case.

It is not my intention here to go into too detailed a discussion of his earlier formative years but two significant facts need restating. These have to do with his biographical background. Firstly, the fact that he initially grew up in an authentic rural Malay environment, in a small kampung in Perak. Lat went to a Malay primary school in his village and he spent his earliest moments as a human being in the heartland of rural Malaysia, absorbing the sights, shapes, sounds, smells and experiences that such a childhood brought with it. And, he has captured the essence of that fascinating childhood brilliantly in his famous comic books titled *The Kampung Boy* and *The Kampung Boy: Yesterday and Today*.

What needs to be restated here is that he was very

firmly entrenched within his own Malay socio-cultural background and was intimately exposed to the many particularised social situations and religious rituals that went with an authentic Malay rural childhood. And this socio-cultural background has given him his undeniable sense of pride in his own "Malay-ness" and his cultural "roots". More significantly, this same rural background also gave him an attitude to life, full of a gentleness and refinement, that is peculiarly Malay in its outlook and approach. In his more mature years he has remained true to his Malay background, never crudely abusive or hurtful in his cartoons. His humour has remained benign and free from malice in its approach and orientation – respectful of

people's feelings, even whilst making humorous statements about them. And, perhaps that is why he is so well-loved. It is difficult to be angry with him and even the Malaysian politicians he so often lampoons, genuinely admire him, the cartoonist, for his cheekiness and his insights, whilst not necessarily agreeing with him all the time. (Illustration 1).

Lat's deeply-entrenched experiences with the rural life of the Malays must also account for the immense popularity of his on-going series called *Keluarga Si Mamat* (Illustration 2) which first appeared in the *Utusan Malaysia* newspaper in 1967, when he was only sixteen years old. The series was subsequently transferred to the *Berita Minggu* in 1968. He was paid one hundred dollars each month for this series and was able to pay for his own school expenses. The series still continues weekly in that newspaper – surely a remarkable achievement by itself.

What is significant though, is the fact that he has been able to draw on his early childhood experiences again and again, all these years. He had clearly set an example from 1967 onwards, to a whole generation of younger Malay cartoonists by drawing directly from the rural Malay ethos. One has only to study the works of so many of these now well-known younger Malay cartoonists to realise how truly significant Lat's influence has been in the story of the development of Malay cartooning endeavours. If he had himself been once inspired by the early pioneering Malay cartoonists such as Raja Hamzah and Rejab Had, he is today an impressive role model for so many younger Malay

Illustrasi / Illustration 1 :
From *Scenes of Malaysian Life*, 1985

Keluarga si-Mamat oleh Lat, Ipoh

Illustrasi / Illustration 2 :

An episode from *Keluarga Si Mamat*, 1968.

cartoonists who have also become proud of their Malay "roots". The point that needs stressing here is that he has always remained proud of his kampung "roots".

The second significant biographical fact that I wish to draw attention to relates to his secondary school years. Like so many rural Malay boys and girls of a now bygone era, he also had to make the significant transition from the rural Malay environment to the more complex multi-cultural milieu of the big town. He was sent to study in a large school in Ipoh and to learn a new language, English. Initially admitted into the "Special Malay Class" programme, he began learning to read and write in English. He was subsequently admitted to the English stream. He completed his secondary schooling here, growing up amidst pupils drawn from all the diverse races to be found in this country. He formed close friendships with children of all races and he has celebrated this significant period of his life in the comic book entitled *The Town Boy*. The central theme of the book is the close and affectionate friendship that grows, over the years, between Lat and a Chinese boy named Frankie. Lat visits Frankie's house regularly and he is able to experience closely a very different cultural environment (Illustration 3 & 4).

Frankie introduces him to western pop music and together with their other multi-racial friends, both Lat and Frankie are able to experience new and hilarious situations. In the process, Lat, the growing teenager acquires a broader and more cosmopolitan vision of himself and his nation. He became more open-minded and more curious about life's complex and multifaceted realities. And this open-mindedness and curiosity about other cultures have remained with him all these years. It is a vision that has proved enriching to his chosen career as a cartoonist. It has led to perceptions that are quintessentially "Malaysian".

If the English-language had given him the means to enter a more cosmopolitan world of ideas, his secondary school experiences had encouraged him to explore different cultural milieus and contexts. In short, Lat's outlook regarding life had expanded very considerably and very consequentially by the time he left secondary school to enter

the world of adult life. In retrospect, his easy ability to produce cartoons employing both the Malay and English-languages has ensured him a larger following and audience. His unique ability to depict the Malay as well as the non-Malay cultural situations so convincingly and hilariously, has ensured him a multi-racial and even, international following. Quite a feat for a local cartoonist. It might be suggested that he was the first local cartoonist (whether Malay or non-Malay) to operate in several worlds simultaneously. Herein lies his real sophistication, and his artistic uniqueness.

He has revealed to us, again and again, that a larger and more all-encompassing "Malaysian" vision that transcends ethnocentric insecurities and prejudices is possible and indeed necessary. It seems to me that he is a very confident Malaysian who understands the nature of the many complex and different dimensions he has to operate within. And he has quite easily come to terms with the rapidly changing world around him. The idea of social reality has not been reduced to oversimplifications nor have definitions of "identity" been resolved by a myopic, one-dimensional notion of things.

There have been two distinctive aspects to Lat's mature artistic career ever since 1974. There is Lat, the newspaper cartoonist, who produces works for *The New Straits Times* and *Berita Harian* on a regular basis, either weekly or an almost daily basis; and then there is the "novelistic" Lat who produces serious narrative and thematic comic books every

Illustration 3 :
A scene from *Town Boy*, 1980.

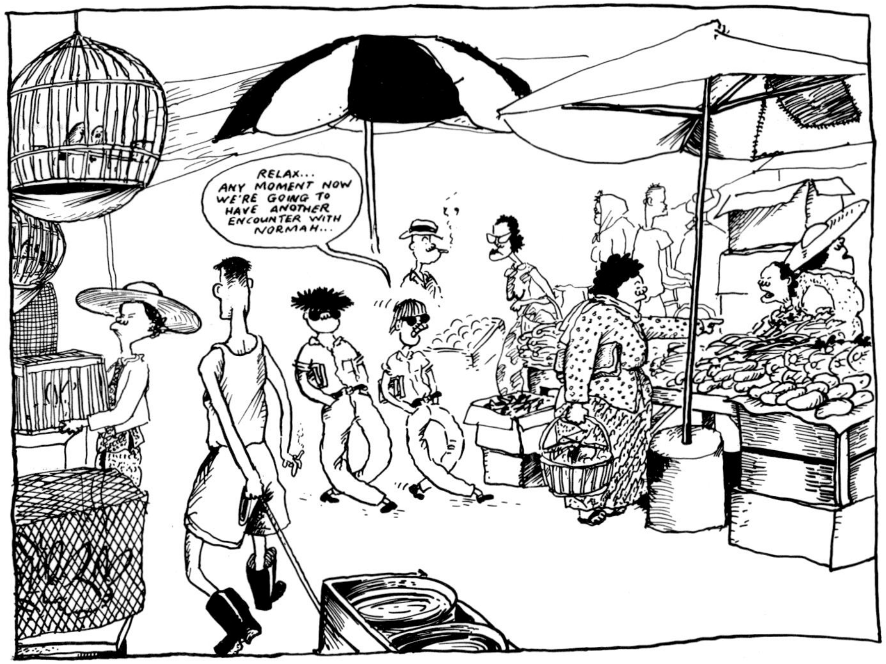
RELAX... ANY MOMENT NOW WE'RE GOING TO HAVE ANOTHER ENCOUNTER WITH NORMAH...

Illustration 4 : **Another scene from *Town Boy*, 1980.**

now and then that are largely based on autobiographical considerations. Besides the *Keluarga Si Mamat* series which was begun in 1967, he is especially admired for his *Scenes of Malaysian Life* series in *The New Straits Times* which first appeared in 1974. Of the two on-going series, the latter has proved to be more universal in content and scope, perhaps because it appears in an English-language newspaper and has a more multi-racial and cosmopolitan audience.

It is quite well-known that he had initially joined *The New Straits Times* as a youthful crime reporter in 1970, after completing his schooling. But it was only after his now-famous and brilliant *Bersunat* (circumcision) cartoons appeared in *The Asia Magazine* in 1974 that the decision-making people at *The New Straits Times* realised they had a world-class cartoonist in their midst (Illustration 5). In any case, the story is told that Lat was much too imaginative and creative to succeed in his initial job as a serious and reliable crime reporter. What with his breathtakingly detailed, lurid and graphically gory descriptions of blood-soaked situations and horribly mutilated corpses, his submitted reportorial pieces on local crime had nearly always had to be reworked by someone else who was more sober and less inclined towards the highly dramatic.

It was thus with the momentous publication of the *Bersunat* cartoons in Hong Kong in 1974, that our young and dormant cartoonist, hitherto disguised as a crime reporter and given to hanging around police stations and mortuaries, was finally allowed to do what he was born to do, namely, producing cartoons. His editors had decided that he would be more successful as an unrestrained cartoonist than as an overly imaginative crime reporter.

He was now asked to produce cartoons based on everyday life situations and also comment on political events. His English-language cartoons would go under the rubric *Scenes of Malaysian Life*. He became a national celebrity almost overnight, gathering day by day an ever expanding audience of ready admirers, drawn from the multi-racial English educated readership of *The New Straits Times*. *Scenes of Malaysian Life* has continued up to the present time, twenty years after it first appeared. It has certainly not lost its lustre

Illustration 5 :
Two scenes from the
***Bersunat* story, 1974.**

"*Just pretend you are playing cowboy riding horse.* "

Grandma, weeping with joy,
fans us with a tudung saji (food cover) and promises us a trip.
Isn't she glad her grandsons have finally become real men!

and creative flavour after all these years (Illustration 6).

It may be suggested that because *Scenes of Malaysian Life* had begun its existence in the country's leading English-language newspaper serving a multi-racial readership, Lat had been forced to adopt a larger all-encompassing vision of his country than that which was normally expected of Malay cartoonists operating within strictly Malay-centred and parochial contexts. The emphasis was clearly on "Malaysian Life" and he had to project a more composite "Malaysian" vision and identity. And he was eminently suited to undertake the challenge. His intimate exposures to both the Malay and non-Malay worlds of experience proved a blessing. Further, his friends were drawn from all the racial groups and, in his natural curiosity, he had experienced wide-ranging cultural situations that no normal Malay or non-Malay had bothered or dared venture into. Clearly here was the right young man, at the right place, at the right time, to do the job.

From the beginning he adopted a multi-cultural viewpoint and thus he became the first Malay cartoonist to find a truly multi-racial audience in this country. And he would succeed beyond everyone's expectations. And, more significantly, his expanding audience did not see him as a Malay cartoonist but as a truly "Malaysian" cartoonist. He had made a remarkable cultural breakthrough indeed, meaningful and highly consequential in its cross-cultural implications.

He was and remains, in my own opinion, the first

creative person in this country, working in any medium, to have successfully projected the real essence and authentic flavour of modern multi-cultural Malaysia. He has projected an all-encompassing picture of this country that is very refreshing and original in a relatively young nation, still self-consciously beset by highly politicised ethnic divisions and rigid, formal definitions of cultural identification. Understandably, he became a widely admired cultural hero almost overnight, even while he was still in his mid-twenties. His genius blossomed from 1974 onwards and as they say, the rest is cultural history.

Illustration 6 :
Lat's multi-racial Malaysian character types. Cover of *It's A Lat Lat Lat Lat World***, 1985.**

In case the impression is erroneously conveyed here that success and fame have come to him all too easily because of his natural artistic talents, let me draw attention to his meticulous research and his hard work. Someone once said, "Genius is 90% hard work and only 10% pure inspiration." The same can be said of Lat, the cartoonist. And this seldom-discussed aspect of his hard work, his serious research and meticulous eye for detail has been commented upon by that highly-respected and much-loved writer, Adibah Amin, in her introduction on Lat in the book *Lots of Lat* which was published in 1977. Adibah Amin wrote at that time:

> *"He is at one and the same time childlike and mature, outrageous and delicate, Malaysian and universal. He always gets away with a lot mainly because his humour is utterly free from malice, sharp but never wounding, coaxing us irresistibly to laugh with him at the delectable little absurdities around us and within us. Typical Malaysian foibles most of these, yet as foreign fans testify, they touch chords in people from other cultures too.*
>
> *His drawings and comments have an air of spontaneity, as if they had been scrawled just a minute or so before press time. In fact they are products of painstaking research as well as naturally acute observation, of patient professionalism as well as inspiration.*

The wedding day begins with the arrival of guests. Non-Punjabi cover their heads with cloth on entering the temple.

The awaited moment ..... the arrival of the bride, dressed in her finest embroidery.

Facing the Holy Book, the Granth Sahib, and amidst music and songs, the couple sit together for the first time.

They then go round the altar four times. After each round, passages from the Holy Book are read by the priest.

Illustration 7 :
Scenes from *The Sikh Wedding,* 1976.

This is evident in pieces like the Sikh Wedding, to the devastating accuracy of which a Sikh has smilingly sworn." (Illustration 7).

What has not been highlighted enough is that part of Lat's creativity that may be described as the 'novelist'. He is a natural story teller and this aspect of his 'literary' tendencies may be noticed in the small number of full-length comic books that may, in fact, be viewed as more specifically literary in their structural conception and thematic approaches. These significant 'novelistic' books are *The Kampung Boy* (1979), *The Town Boy* (1980), *Mat Som* (1989) and *The Kampung Boy: Yeserterday and Today* (1993). In producing these four books, he has drawn heavily from his own autobiographical background. Aspects of his own life experiences are combined with concocted incidents drawn from the everyday Malaysian reality to result in very funny yet poignant narratives about the different phases of his own journey through life. In these books we are exposed to episodes and incidents that have helped him arrive at his unique perceptions about himself and his country. What seems remarkable is that his story about himself is one that so many of us can readily empathise with and also find deeper cultural meanings.

The Kampung Boy is, in my opinion, the finest and most sensitive evocation of a rural Malay childhood ever attempted in this country, in any creative medium. It is notable for its sensitive and descriptive drawings of the rural

At the river dad would always try to impress us with his diving stunts. He could do several different styles...

Illustration 8 :
A scene from *The Kampung Boy*, 1977.

environment. What has resulted is a detailed and poetic recreation of that fascinating rural childhood, from the time he was born to that sad moment when he has to leave his beloved kampung for the big town, to continue his education. *The Kampung Boy* is a masterpiece that was clearly designed to be read as a novel. Indeed, it can easily bear comparison with that highly-acclaimed literary novel about early childhood by Camara Laye titled *The African Child*. He had chosen the visual medium of drawing but the depth, scope, humour and evocative tenderness of *The Kampung Boy* are stunning. It has proved his most celebrated effort,

appreciated both locally and internationally (Illustration 8).

The structural format of *The Kampung Boy* was again used for his *Town Boy*, which came out the following year. In this second "novelistic" comic book, Lat continues the story of his earlier life. He celebrates the transition to town life and his days as a secondary school pupil in Ipoh. He depicts the new multi-racial environment he has now entered and records hilariously the period from his time of arrival until that sad moment when, having completed his schooling in an English-language school, he must prematurely enter the world of working life. His close friendships with a Chinese boy Frankie is highlighted as also with the other multi-racial boys who formed his own gang in school. Through Frankie, especially, he discovers a broader, multifaceted notion of reality and the urban environment. He transcends his own ethnic limitations and acquires, in the process, new emotional attachments and new visions of the larger Malaysian reality. Aesthetically, *The Town Boy* is less graphically stunning but it is not without depth and very detailed observations of environments and character types (Illustration 9). I know of no other Malay artist or writer who has entered the Malaysian Chinese environment so intimately and meaningfully! In its scope, it might even be described as the first truly all-encompassing Malaysian 'novel' about teenage life attempted so far, even if the story is rendered via the medium of line drawing.

Mat Som was the third full-length book based on autobiographical sources (Illustration 10). Although Mat Som, the central character, does not physically resemble Lat, we can still recognise him behind the character. What is interesting about the character Mat Som is that he is a composite type reflecting the young rural-born Malay youth that has entered the big city, Kuala Lumpur, to earn his living during the early 1970s. Lat uses the technique of flashbacks brilliantly, shifting from the city situations to the kampung days. Mat Som is clearly a shy, anti-hero type, a struggling nobody as yet, trying to make it in the big multi-racial city. He is a young reporter (as Lat was then) and he enters the world of Malay intelligentsia. He lives in a small room in a squatter area and tries to win the attention of a neighbour's beautiful daughter. He is exposed to the world of the newly-rich Malay entrepreneurs and he is ill-at-ease in this new and pompous upper middle-class environment. But he

Illustration 9 :
A scene from
The Town Boy, **1980.**

Illustration 10 :

A scene from *Mat Som*, 1989.

finally wins the girl by being his simple, authentic Malay self. One is reminded of Woody Allen's films. There is a funny yet poignant quality about *Mat Som*. The book was subsequently made into a full-length feature film featuring the young and popular actor, Imuda, playing the character *Mat Som*. The book *Mat Som* captures vividly the essence and nature of a significant transitional phase in the socio-cultural evolution of contemporary Malays.

Lastly, *The Kampung Boy: Yesterday and Today* was produced specially for Lat's children. The book is an essay in nostalgia, documenting how much more interesting and creative a rural kampung childhood was, compared with the urban-based childhood his children are now exposed to. Lat is now middle-aged and living in Petaling Jaya. By using flashbacks again, he shifts from the urban to the rural context. He recalls the many games he used to play which are now unknown to urbanised housing estate children. If he had to rely on raw materials derived from nature to actually construct his toys, his children now go to posh shopping malls to buy their commercially produced, electronically-controlled toys.

In this book, he makes a subtle yet telling commentary on the new dehumanising environments that Malaysian children are already inhabiting. In alluding to a rapidly-vanishing way of life and innocence, he has spoken to so many of us who also remember nostalgically our own childhoods in more rural settings, in the period before industrialisation and change had set in. In an oblique way

Illustration 11 :
The last scene from
Kampung Boy - Yesterday
& Today, **1993.**

he asks difficult questions. Where do we come from? Where are we all going, in such haste? What are the consequences of rapid development on our deeper cultural values and our older way of life? Lat, the serious cultural thinker is clearly evident in all these four deceptively humorous comic books (Illustration 11).

There used to be a prevalent and erroneous tendency among the Malaysian public to assume that the producing of art works is not really very difficult because the artist is supposedly "talented" and "gifted" with his hands. Artistic creativity is usually ascribed to a somewhat vague and amorphous term defined as "inspiration." The notion of intelligence, wide-ranging experience and hard-earned insightful knowledge is seldom brought up when serious artists are discussed. And in the case of cartoonists especially, their deceptively effortless and spontaneous abilities, as projected in their works, have often resulted in their intellectual achievement being downplayed. The sophisticated thinking processes and the original creative sensibilities that form the bedrock of a serious cartoonist's (or any other serious artist's) creative insights used to be largely ignored. It is gratifying then to realise that things have begun to change considerably in this country in recent times. Lat's own contributions toward elevating the status of the visual artist in the eyes of the Malaysian public has been highly significant indeed.

People have begun to be more respectful and appreciative of the complex and challenging thinking processes that actually go into creative artistic endeavours. People are beginning now to realise that an academic M.A. or a Ph.D. degree is no guarantee of the emergence of a brilliantly original mind. More often than not degrees are only indicators of academic competence and ever so often, of ideational mediocrity. A university education does not necessarily produce an original cultural thinker or an innovator of original cultural perceptions. Nor does a university degree guarantee a culturally-refined sensibility. Lat's own formal education stopped after he completed secondary school. But his 'university' has always been the world-at-large and he has 'graduated' from life's complex situations with distinction and he has clearly distinguished himself by his originality of vision.

His education has been, in some ways, more difficult yet more all-encompassing and, ultimately, more rewarding to his own journey of self-discovery, both as a human being and a cultural innovator. When a rare, natural intellect and a proclivity toward uniqueness of perception are also marked out by a consistently prolific body of creative work, we cannot but feel overwhelmed by the unique achievement. Lat's prolific and significant artistic contributions have clearly been of a level that easily qualifies him as a sophisticated 'thinker' – an accolade not easily earned in any professional area of commitment, whether artistic or otherwise.

In many other more sophisticated and developed nations than ours, that are able to reveal a deeper

appreciation of their creative talents, their serious visual artists have always been celebrated as respected, original thinkers. Lat is, in my own opinion, one of our most influential and innovative of cultural thinkers. His chosen medium of expression happens to be cartooning. But technical skills and so-called 'inspiration' alone could never have produced his impressive insights and prolific body of work. A cartoonist of Lat's proven calibre has clearly been dependent on other factors such as a natural and uninhibited curiosity about life, an extraordinary eye for the minutest of details and an uncanny ability to comprehend and analyse the environment and social contexts - skills that would make any academic social anthropologist envious but also respectful.

His cartoons have enriched the cultural life of this still young and evolving nation. He has been able to make the ordinary in our lives appear to be truly extraordinary and he has, in the process, helped us realise that there is great beauty, richness and complexity in this nation's unique heterogeneity. Lat, as I have already suggested, is a genuine 'Malaysian' cultural thinker. Innovative thinkers are, on the basis of their original perceptions, also eminently equipped to play the role of respected teachers. We are privileged indeed to have in our midst so genuine a teacher, who has consistently taught us so much about the complex societal realities that have shaped the unique character and flavour of our dynamic nation.

BIODATA

Lat, the school boy cartoonist, early 1960s.

Full Name	:	Dato' Haji Mohd Nor b. Khalid.
		(Lat is short for "Bulat" – a nickname given as a child)
Date of Birth	:	5th. March 1951.
Place of Birth	:	Kota Bahru, Perak.
Father	:	Khalid bin Mohd Noh.
Mother	:	Hajjah Noor Azian bt. Haji Said
Wife	:	Datin Hajjah Faezah bt. Hj. Ahmad Zanzali
Children	:	Junaidah
		Nur' Ain
		Haris
		Hadi.
Education	:	Sekolah Melayu Kota Bahru, Perak.
	:	Sekolah Rendah Jenis Kebangsaan (Inggeris) Jalan Pasir Puteh, Ipoh.
	:	Anderson Secondary School, Ipoh.

Pictured with his parents and younger sister, 1958.

Editorial Board of Anderson School newsletter *The Opinion*. The art editor (Lat) is standing at the extreme right.

Early childhood cartooning career :

1964	:	Lat's first comic book "Tiga Sekawan" published by Sinaran Brothers, Penang.
1966	:	"Tua Keladi" in Majalah Filem published in Singapore.
1967	:	Created "Keluarga Si Mamat" which was first published in Utusan Malaysia.
1968	:	"Keluarga Si Mamat" appeared weekly in Berita Minggu.

Later adult cartooning career :

1970	:	Became a reporter in Berita Harian. Later transferred to The New Straits Times Crime desk.
1974	:	His cartoons on "Bersunat" (Malay Circumcision

Ceremony) was published in Asia Magazine, Hong Kong.

: The New Straits Times started Lat's "Scene of Malaysian Life" series on its editorial page. The cartoons run till today.

1975 : Studied figure drawing at St. Martin's School of Art, Charing Cross, London, on NST sponsorship.

1977 : A study tour of USA on invitation of US State Department.

1981 : Lat's first trip to Japan on invitation of Cultural Ministry.

1983 : To West Berlin, Germany, taking part in Tourist Development Corporation's "Sell Malaysia" campaign.

1984 : Participant at the Hiroshima Conference of Asian Cartoonist organised by Hiroshima City Council and the Chigoku Shimbun Press.

1985 : Trip to the USA visiting animation studios at Burbank, Los Angeles.

1986 : The world of Lat Exhibition at Muzium Negara, Kuala Lumpur.

1988 : Travelled across Australia as guest of the Australian Government.

: Panelist at the 9th International Symposium on Civilisation, Regime and Development organised by the Mainichi Newspaper in Osaka, Japan.

1989 : As guest of Japan Foundation, visited Tokyo and Kyoto to look at the life of factory workers.

: Participated in the Kochi City International Cartoon conference organised by the Kochi City Council in Shikoku.

1990 : Solo exhibition at Dewan Bandaran Ipoh, Perak.

: ASEAN cartoons exhibition organised by the ASEAN Cultural Centre, Japan Foundation Tokyo, Japan.

: Attended a meeting on Literacy Campaign video production, sponsored by Asian Cultural Centre for UNESCO.

: Created cartoon character "Mina" for the campaign. The 15-minute video animation "Mina Smiles" was launched by ACCU in 1993.

1991 : Lat cartoons started appearing in Indonesia's monthly "Humor" magazine.

1992 : A visit to Jakarta and Surabaya meeting Indonesian cartoonists.

Lat, pictured in the mid-1970s.

1972 gathering of Malaysian comic artists and illustrators in Kuala Lumpur. Lat is seated fifth from right. Rejab Had is standing sixth from right. Raja Hamzah is seated extreme right. Mishar is standing at extreme right.

1993 : 1st – 5th September

Invitation from the Fukuoka International Association to participate in a dialogue – styled lecture entitled "Changing Asia Seen Through Cartoons"

1998 : Received the Eisenhower Exchange Fellowship to do a two month research on race relations across the United States

Awards and Decorations :

Receiving the Fukuoka Asian Cultural Prize (Art and Culture) in Fukuoka City, Japan in 2002.

Receiving the Dato' Paduka Mahkota Perak by DYMM Sultan of Perak on the occasion of His Highness' 66th Birthday on 19 April 1994.

1979 : Pingat Ahli Mahkota Perak by DYMM Sultan Perak

1980 : Ahli Mangku Negara by DYMM Yang Di Pertuan Agong

1985 : Pingat Pekerti Terpilih by DYMM Sultan Selangor

1991 : Received the Tokyo Creation Award presented by Tokyo Fashion Association. Lat is the first Malaysian to receive this award.

1992 : Drew three cartoon advertisement for The Bank of Tokyo (in Japan)

which won highest award in the field of financial industry advertisement of The Nikkei Shimbun (The Nikkei Financial Newspaper).

1994 : Dato' Paduka Mahkota Perak (DPMP) by DYMM Paduka Seri Sultan Muhibbudin Shah Ibni Almarhum Sultan Yussuf Izzuddin Shah, Sultan of Perak on the Occasion of His Majesty's 66th Birthday on 19 April 1994.

1996 : Tokoh Gemilang Negeri Perak by Kerajaan Negeri Perak Darul Ridzuan on 30th August 1996

1997 : Ijazah Kehormat Master of Arts by Universiti Putra Malaysia, 25th July 1997

2001 : Perak Tourism Awards 2001 on 1st November 2001

2002 : The 13th Fukuoka Asian Culture Prizes 2002 on 17 September 2002

Recent photograph of the cartoonist with his family, (from left) Nur'ain, Haris, Hadi, Datin Hajjah Faezah bt. Hj. Ahmad Zanzali and Junaidah.

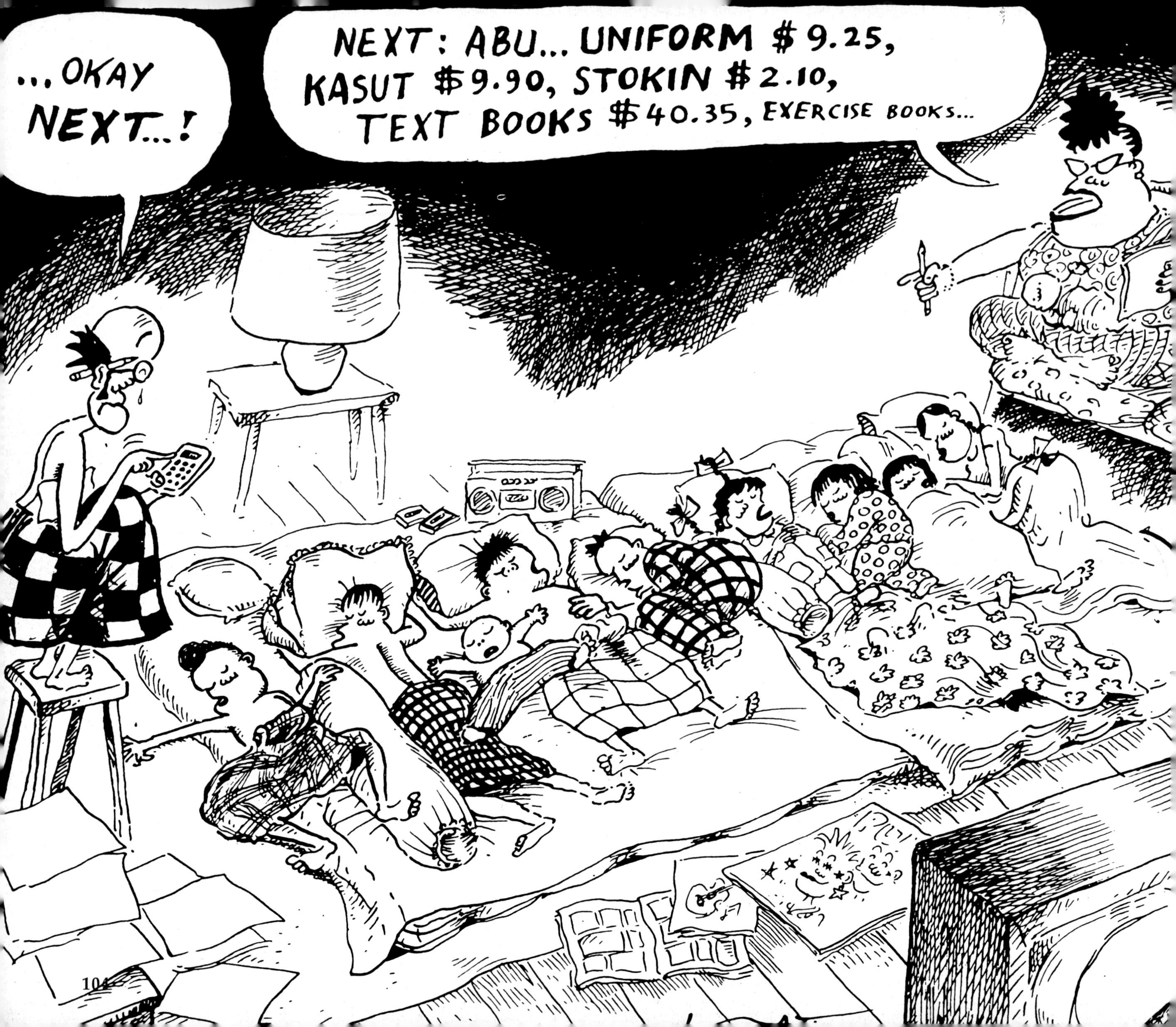
...OKAY NEXT...!
NEXT: ABU... UNIFORM $9.25, KASUT $9.90, STOKIN $2.10, TEXT BOOKS $40.35, EXERCISE BOOKS...

Retrospektif / *Retrospective:* 1964 - 2003

(Pilihan karya-karya dari Pameran Retrospektif /
A selection of exhibits from the Retrospective Exhibition)

■ *Tiga Sekawan* comic book, 1968

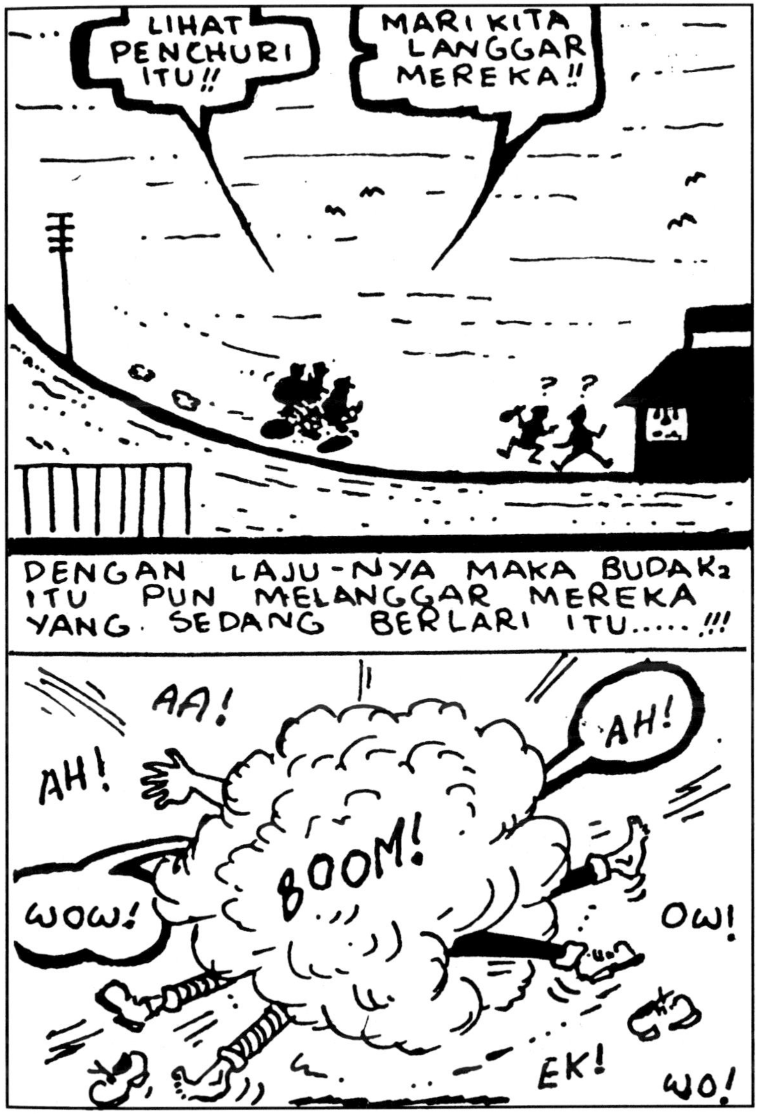
LIHAT PENCHURI ITU!!
MARI KITA LANGGAR MEREKA!!
DENGAN LAJU-NYA MAKA BUDAK2 ITU PUN MELANGGAR MEREKA YANG SEDANG BERLARI ITU.....!!!
AA!
AH!
AH!
BOOM!
WOW!
OW!
EK!
WO!

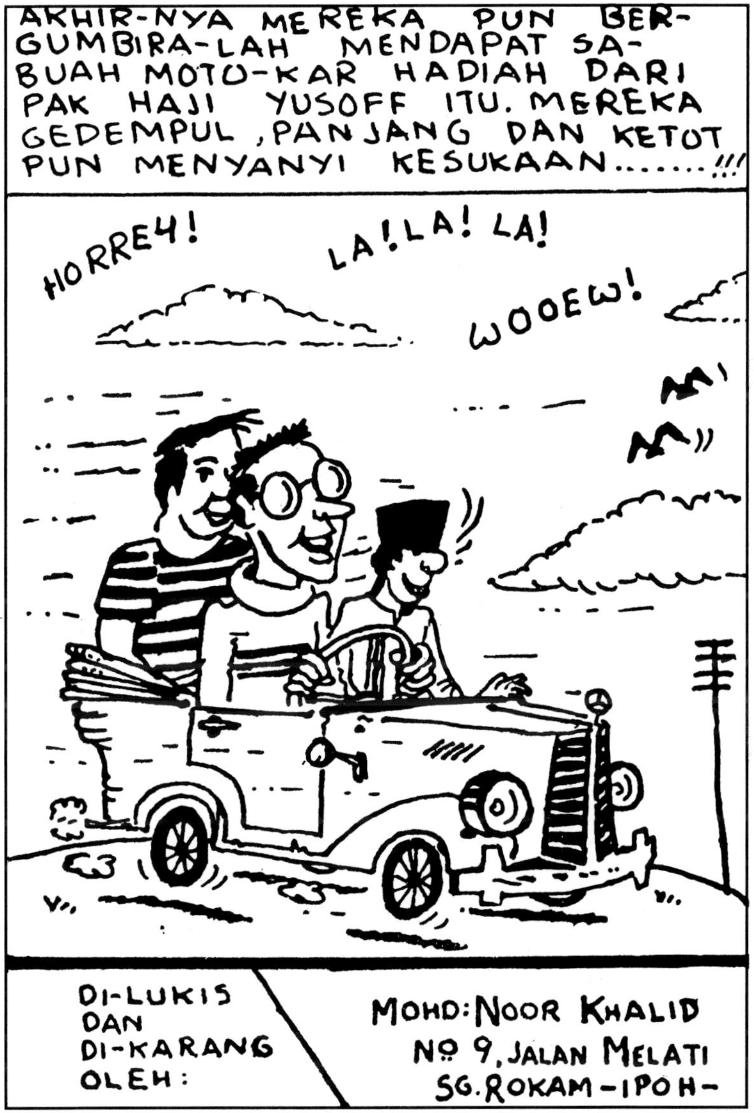
AKHIR-NYA MEREKA PUN BER-GUMBIRA-LAH MENDAPAT SA-BUAH MOTO-KAR HADIAH DARI PAK HAJI YUSOFF ITU. MEREKA GEDEMPUL, PANJANG DAN KETOT PUN MENYANYI KESUKAAN......!!!
HORREY!
LA! LA! LA!
WOOEW!
DI-LUKIS DAN DI-KARANG OLEH:
MOHD: NOOR KHALID
No 9, JALAN MELATI
SG. ROKAM -IPOH-

■ *Awang dan Buyung* comic book, 1969

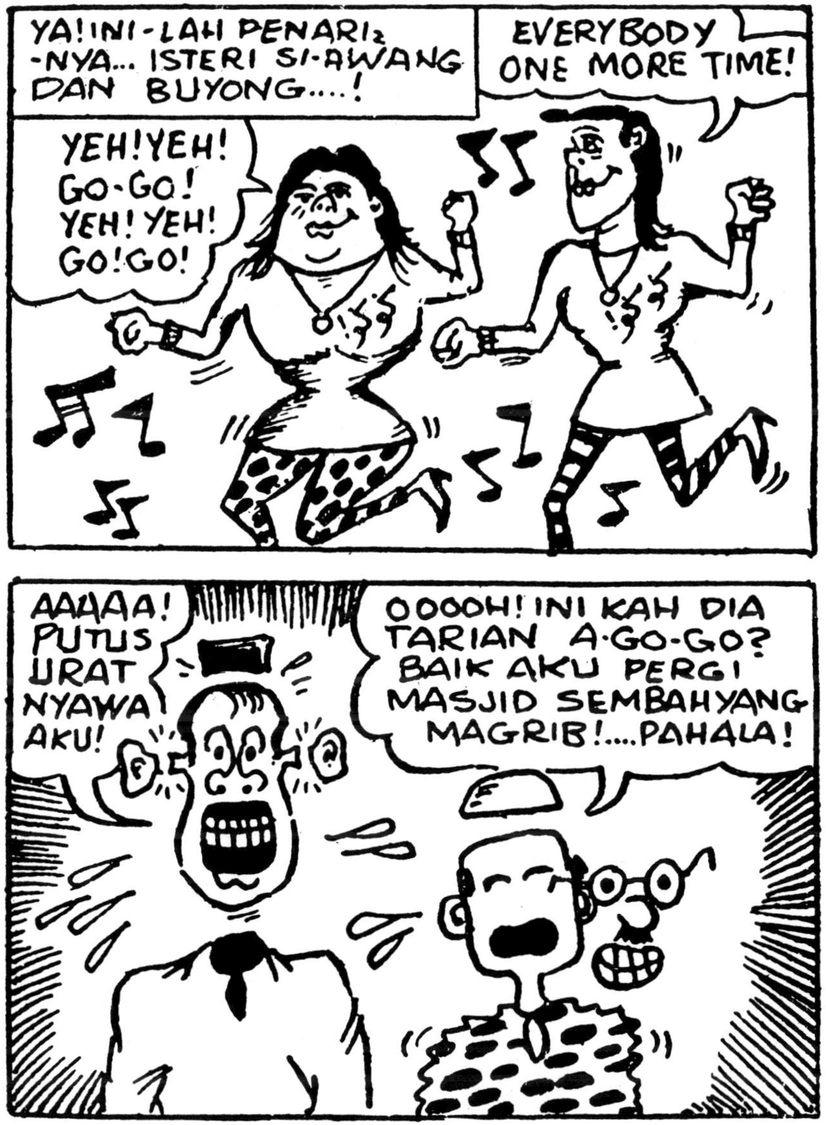
YA! INI-LAH PENARI2 -NYA... ISTERI SI-AWANG DAN BUYONG....!
EVERYBODY ONE MORE TIME!
YEH! YEH! GO-GO! YEH! YEH! GO! GO!
AAAAA! PUTUS URAT NYAWA AKU!
OOOOH! INI KAH DIA TARIAN A-GO-GO? BAIK AKU PERGI MASJID SEMBAHYANG MAGRIB!....PAHALA!

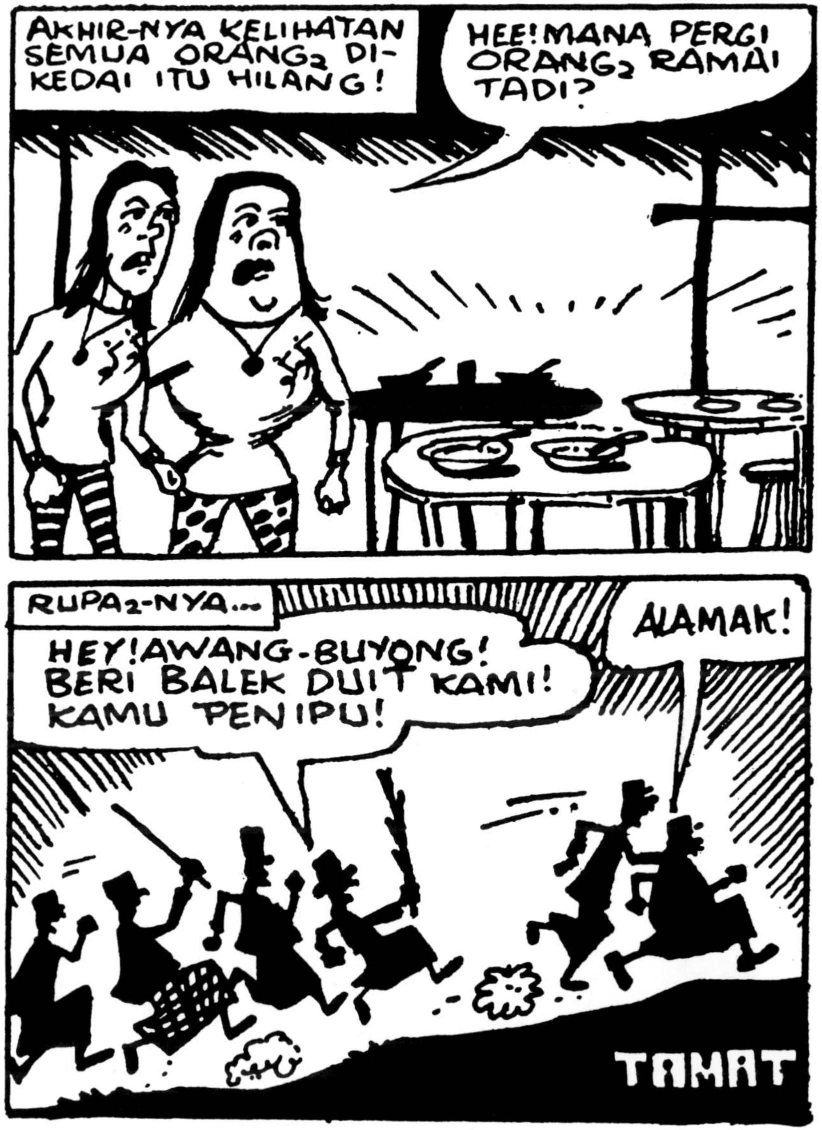
AKHIR-NYA KELIHATAN SEMUA ORANG2 DI-KEDAI ITU HILANG!
HEE! MANA PERGI ORANG2 RAMAI TADI?
RUPA2-NYA....
HEY! AWANG-BUYONG! BERI BALEK DUIT KAMI! KAMU PENIPU!
ALAMAK!
TAMAT

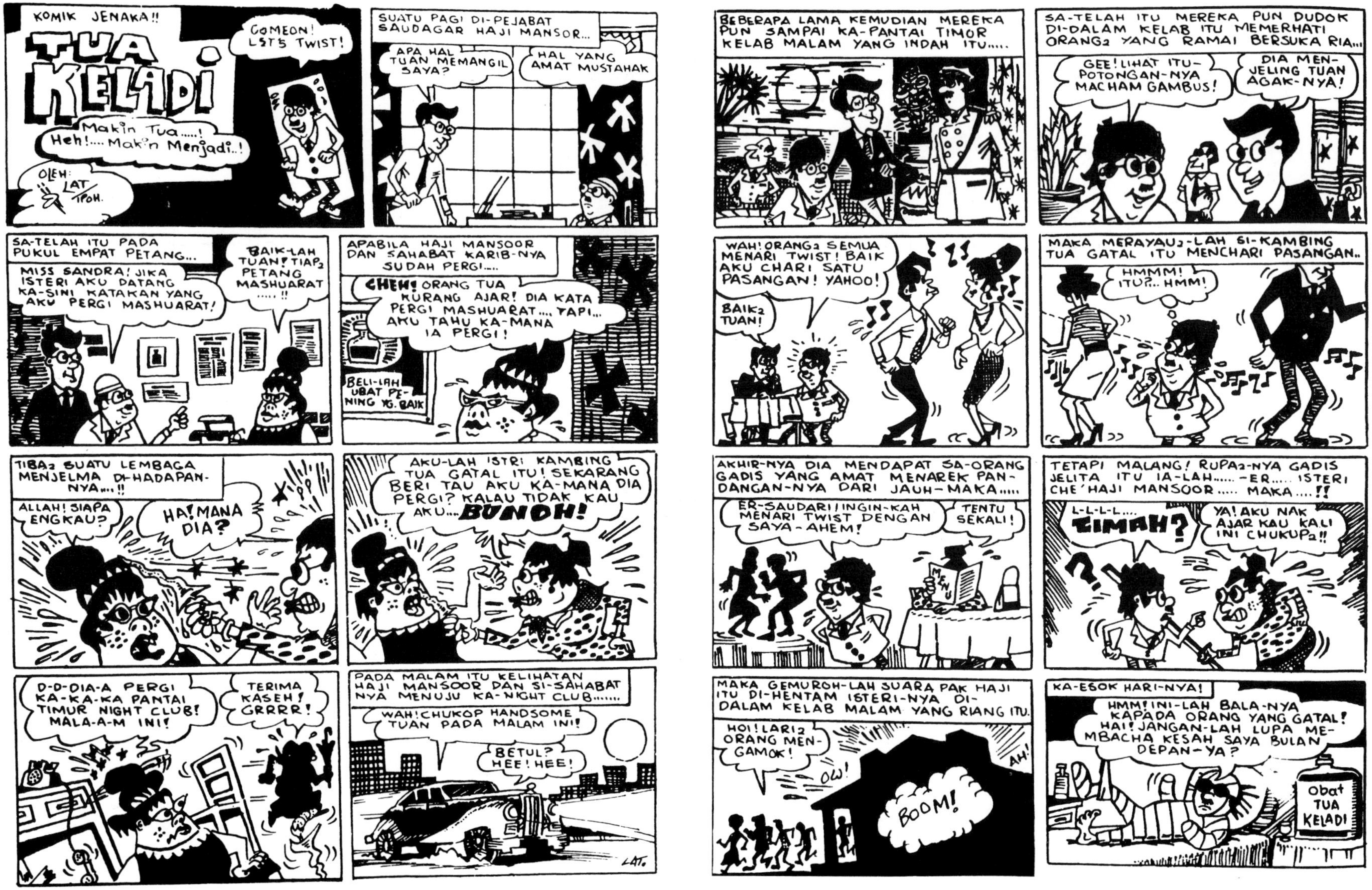
KOMIK JENAKA!!
TUA KELADI
COMEON! LETS TWIST!
Makin Tua.....! Heh!.... Makin Menjadi..!
OLEH: LAT IPOH.
SUATU PAGI DI-PEJABAT SAUDAGAR HAJI MANSOR...
APA HAL TUAN MEMANGIL SAYA?
HAL YANG AMAT MUSTAHAK
SA-TELAH ITU PADA PUKUL EMPAT PETANG...
MISS SANDRA! JIKA ISTERI AKU DATANG KA-SINI KATAKAN YANG AKU PERGI MASHUARAT!
BAIK-LAH TUAN! TIAP2 PETANG MASHUARAT.....!!
APABILA HAJI MANSOOR DAN SAHABAT KARIB-NYA SUDAH PERGI.....
CHEH! ORANG TUA KURANG AJAR! DIA KATA PERGI MASHUARAT.... TAPI... AKU TAHU KA-MANA IA PERGI!
BELI-LAH UBAT PE-NING YG. BAIK
TIBA2 SUATU LEMBAGA MENJELMA DI-HADAPAN-NYA....!!
ALLAH! SIAPA ENGKAU?
HA! MANA DIA?
AKU-LAH ISTRI KAMBING TUA GATAL ITU! SEKARANG BERI TAU AKU KA-MANA DIA PERGI? KALAU TIDAK KAU AKU... BUNOH!
D-D-DIA-A PERGI KA-KA-KA PANTAI TIMUR NIGHT CLUB! MALA-A-M INI!
TERIMA KASEH! GRRRR!
PADA MALAM ITU KELIHATAN HAJI MANSOOR DAN SI-SAHABAT NYA MENUJU KA-NIGHT CLUB.......
WAH! CHUKOP HANDSOME TUAN PADA MALAM INI!
BETUL? HEE! HEE!
LAT.
BEBERAPA LAMA KEMUDIAN MEREKA PUN SAMPAI KA-PANTAI TIMOR KELAB MALAM YANG INDAH ITU.....
SA-TELAH ITU MEREKA PUN DUDOK DI-DALAM KELAB ITU MEMERHATI ORANG2 YANG RAMAI BERSUKA RIA...
GEE! LIHAT ITU-POTONGAN-NYA MACHAM GAMBUS!
DIA MEN-JELING TUAN AGAK-NYA!
WAH! ORANG2 SEMUA MENARI TWIST! BAIK AKU CHARI SATU PASANGAN! YAHOO!
BAIK2 TUAN!
MAKA MERAYAU2-LAH SI-KAMBING TUA GATAL ITU MENCHARI PASANGAN..
HMMM! ITU?.. HMM!
AKHIR-NYA DIA MENDAPAT SA-ORANG GADIS YANG AMAT MENAREK PAN-DANGAN-NYA DARI JAUH-MAKA.....
ER-SAUDARI! INGIN-KAH MENARI TWIST DENGAN SAYA-AHEM!
TENTU SEKALI!
MENU
TETAPI MALANG! RUPA2-NYA GADIS JELITA ITU IA-LAH.....-ER..... ISTERI CHE' HAJI MANSOOR..... MAKA.....!!
L-L-L-L.... TIMAH?
YA! AKU NAK AJAR KAU KALI INI CHUKUP2!!
MAKA GEMUROH-LAH SUARA PAK HAJI ITU DI-HENTAM ISTERI-NYA DI-DALAM KELAB MALAM YANG RIANG ITU.
HOI! LARI2 ORANG MEN-GAMOK!
OW!
AH!
BOOM!
KA-ESOK HARI-NYA!
HMM! INI-LAH BALA-NYA KAPADA ORANG YANG GATAL! HAI! JANGAN-LAH LUPA ME-MBACHA KESAH SAYA BULAN DEPAN-YA?
Obat TUA KELADI

■ *Tua Keladi* comic book, 1969

■ Cartoons published in *Majallah Filem* magazine

■ Cartoon strips from *Jenaka Pagi Ini* published in *Utusan Malaysia* newspaper.

■ Cartoon strips from *Keluarga Si Mamat* series published on a regular basis in the *Berita Harian* newspaper.

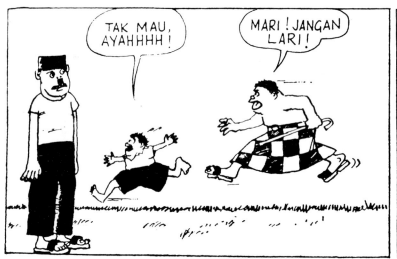

■ Cartoon strips from *Si Atan* series published in *Dewan Pelajar* magazine.

■ Cartoon strips from *Tak ngapa mak* series.

TOK! TOOK!
TOOK! TOOK!

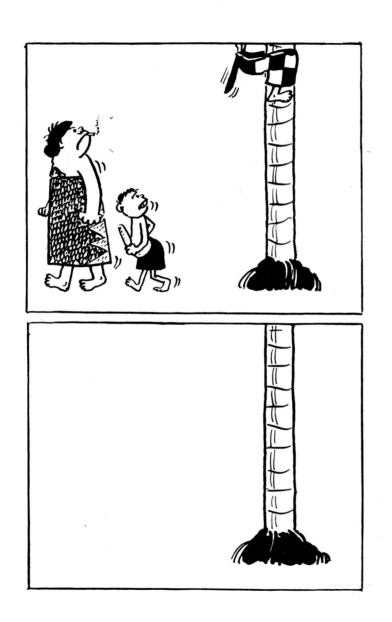

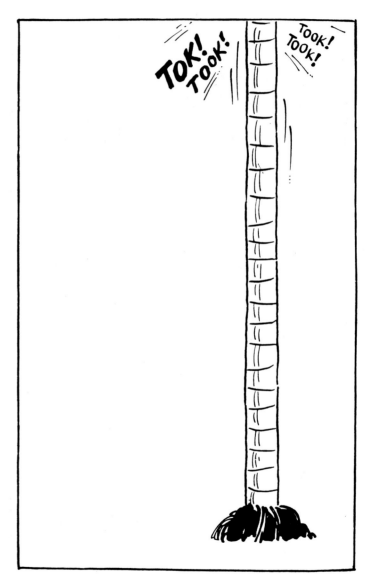

AAAUU! ADOOOOOW! KERENGGA!
JANGAN PANDANG ATAS!

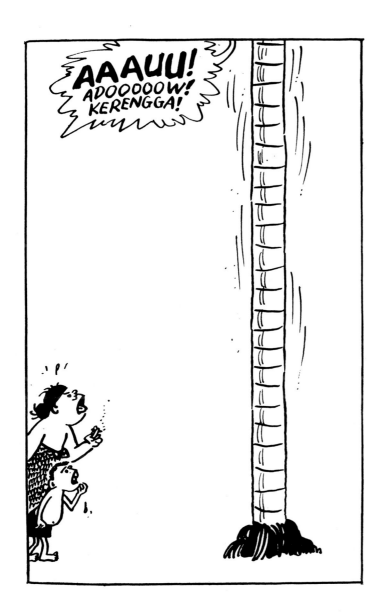

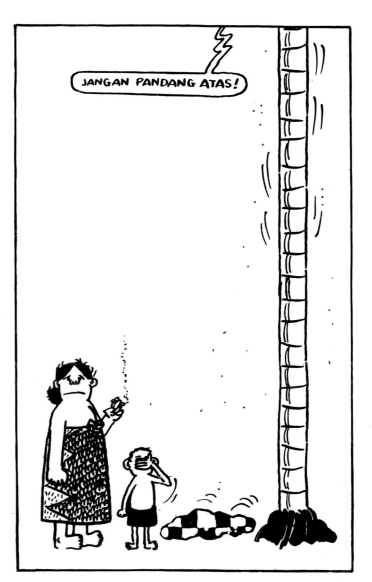

Well, it starts with a "Khenduri" (feast). Kampong folks come in flocks to our house.

We are in our room, all dressed up in new colourful bajus and sarongs and there's plenty of good food to eat. We feel like some kings. However, we just don't feel like eating.

A kin-folk cuts down a banana tree, carries the trunk to the house and we watch with our knees shaking. That tree trunk is for us to sit on when the moment comes.

In the West Gallery of Kuala Lumpur's National Museum, the Burong Pertala Indera Sakti, a great bird with golden plumage and dragon's teeth, spreads its wings. Partly concealed by the curtains of a palanquin mounted on the bird's back sits the model of a young prince from the North. He is a boy of 12, and he is being borne to his royal circumcision: a rite of passage, required by Islam, so deeply ingrained in the Malay culture that only half a century ago it ranked in importance even above marriage. The museum, exhibit commemorates an actual event.

■ The famous *Bersunat* cartoons published in *The Asia Magazine* in Hong Kong, February 10, 1974.

Forty years ago in the northern's Malaysian state of Kelantan, Tengku Mansur, heir to the ruler, was transported in a similar conveyance, though much larger – it took 100 strong men to lift it – to his *Bersunat*, or circumcision, in Kota Bharu. It was the last such ceremony of its kind. Modern medical science and its techniques have largely replaced it, as the physician has succeeded the *Tok Modin* – the circumcisor.

But in the country's interior, where change comes more slowly, this legacy of centuries still lingers. In their 12th year, the boys from some tiny village may undergo *Bersunat*, as essential a part of the village culture as ever it was. In the following sequence of the drawings, Malay artist Lat Mohd Nor Khalid registers, with a touching and gentle humour, this still-surviving significant event in the religious life of Malay boys entering upon their manhood.

4

Tok Modin (the circumcisor) arrives with a grin and a briefcase. He always tries to look adorable and innocent but the children run and hide on seeing him. They don't dare to look him in the eyes.

5

After being introduced to Tok Modin, we are presented with "chocolates". Have some English chocolates", he says. Yes, he calls betel leaves and areca-nuts "chocolates". Earlier, he had uttered some magical formulae on the "chocolates" so that after chewing them we can undergo circumcision painlessly.

6

Then there's this gay little procession. We are going to the river for a dip before seeing Tok Modin again. The village "Rebana" team accompanies us with music and Arabian songs. Grandma is so happy, she cries.

Well, we don't mind mum and dad and the boys watching us taking a dip. But the girls! Why should they be here?

Five minutes later, the long awaited moment comes and the first chap (the eldest) is off to revisit Tok Modin. Suspenso!

"Just pretend you are playing cowboy riding horse."

It's all over in two minutes! It was just like ant-bite!

Grandma, weeping with joy, fans us with a tudung saji (food cover) and promises us a trip. Isn't she glad her grandsons have finally become real men!

The Love Spies set out...

SPIES, in a sense, they are. Sinister people they are not. Their mission is entirely peaceable: to assess the suitability of the bride-to-be.

Here they are, the newly-weds-to-be (if all goes well):

But who are these?

And these?

They are characters (there are many more) in the dramatis personae of a cartoon-story, the first instalment of which will appear in the Straits Times next Monday.

With this story — The Story of a Perak Wedding — the Straits Times breaks new ground in Malaysia's English-language journalism.

The Story of a Perak Wedding is the first of a regular series "Scenes from Malaysian Life," which will depict in cartoon and caption, the ordinary lives of ordinary Malaysian people.

With this series, the Straits Times introduces to its readers a fresh new talent, Lat, self-taught, self-schooled, an artist from the day he picked up his first crayon in the classroom.

We think Lat is very good. We are sure you will agree.

Meet Lat and his characters in The Straits Times next Monday.

Scenes of Malaysian life
Perak wedding—the big day

As the big day draws nearer, womenfolk at the bride's place get busy with preparations and decorations. The bedchamber being the most important is equipped with velvet pillows sewn with golden thread, satin bedsheets and mosquito net.

Mak Andam (the woman responsible for the bride) gets the bride ready by first straightening her teeth with a small stone — a traditional form of make-up.

The bride-to-be looks more and more charming now that her eyebrows are trimmed and her finger tips painted with red dye obtained from henna leaves.

The big day. It is gotong royong for all the kampung people. Some contribute money while others come bearing gifts of sugar, rice, salt and even firewood.

After getting the bride's consent, the Kathi officiates at the Akad Nikah ceremony at the girl's house. The groom is required to recite after the Kathi the holy words of matrimony in one breath. If he fails he has to start all over again. Sometimes he has to repeat the words several times before satisfying the witnesses.

He comes back to the bride's house a few hours after the Akad Nikah for the Bersanding. This time he is the king. But at times the host makes him wait in the sun before inviting him into the house. The local "Rebana" group howl Arabian tunes.

■ The origins and beginnings of the series *Scenes of Malaysian Life,* 1974, which was published regularly in the *Straits Times* newspaper. This series made Lat nationally famous.

At a Sikh Wedding

Secret marriage plans are whispered as soon as the Punjabi girl approaches maturity.

Hence the matchmakers are sent out on their assignment: to scrutinise the selected young man.

The first look .....

..... and the young man's first visit to the girl's house. Guess who serves him drinks and milk candy?

The wedding day begins with the arrival of guests. Non-Punjabi cover their heads with cloth on entering the temple.

The awaited moment ..... the arrival of the bride, dressed in her finest embroidery.

Facing the Holy Book, the Granth Sahib, and amidst music and songs, the couple sit together for the first time.

They then go round the altar four times. After each round, passages from the Holy Book are read by the priest.

After the ceremony comes lunch and food is always in abundance.

On arrival at the bride's house for lunch, the groom and his bestman experience ragging – the Punjabi girls' style.

The newly-weds' first lunch.

But soon after lunch, the gay atmosphere suddenly disappears; for it's time for the girl to part with her family.

A Hakka Wedding

Kow Chai, the monitor operator at an open mine, has been having this funny feeling just recently. Every time that girl Moi Yin passes by, he just can't help but tremble. "There's no doubt about it," he says. "It's love."

Since he strongly believes in love before marriage, Kow Chai makes his move by getting acquainted.

It doesn't take long before they start going steady. Something about Moi Yin that really MOVES Kow Chai is, apparently, her ability in keeping her good looks, fair complexoin and all despite being a dulang washer.

Kow Chai the bridegroom is here. As a matter of fact he arrived 25 minutes ago but is still stuck in the Wolseley. Why? Reason is that the only authorised person to open the car door — the bride's kid brother — just doesn't seem to be around.

It's all part of the jolly good fun the kid is having. He really makes use of his position. For his official permission, there must be the red packet.

Before you know it, it's already time for Kow Chai to take his woman home to be with his people. Moi Yin's mother equips them with two suger cane plants so that their life would be long, always sweet and forever green.

They're off for the tea ceremony. But first, a brief stop at the town photo studio. It's a must.

*Ah Pa... yim char.

* Father, drink tea.

All eyes are on Moi Yin now as she appears amidst Kow Chai's people. She meets them in the traditional way ... by serving tea to everyone.

All eyes are also on the one being served by Moi Yin ... the crowed always wants to know what each cousin has in return for the bride.

For days after the wedding, Moi Yin is dressed in her finest clothes and has been heavy with jewellery as she starts her new life.

But not for long though. Soon as Kow Chai goes back to handle the monitor, she changes back into her old working outfit.

The Story of a Perak Wedding

When the time is ripe for the young man to settle down, the parents secretly engage kampung 'spies' whose instructions are to evaluate the girl they have in mind.

The spies go into action. Under the pretext of paying a courtesy call on the girl's parents, they scrutinise the damsel.

They always end with lunch prepared by the host's daughter.

Mission accomplished. The reports are submitted.

"Son, We've found the right girl for you. And guess what? Her father is a religious teacher!"

The parents send their emissaries to the girl's house with betel leaves, areca-nuts, cloth, sugar, salt, coconut, fruits and an engagement ring. Their mission: to negotiate the wedding.

In your garden a bloom we see, The fragrance tells us it belongs to no bee, Let's share its beauty if thou agree, And we'll have a bigger and happy family.

The flower belongs to no bee indeed. Words are put on paper and promises are made. Tok Penghulu witnesses as both parties fix the wedding date and dowry.

The groom is welcomed with pulut kuning and air mawar. But hold it! Mak Andam has become a toll collector. No money, no entry!

Finally they meet on the bersanding platform.

Assisted by the womenfolk, the young couple then feed each other with pulut kuning. Sometimes it ends up pretty messy. This part of the ceremony is called makan berdamai.

Peace at last! The husband gives his bride another ring – cincin pembuka mulut – to break the ice. The bridegroom usually begins the conversation by asking for a glass of water.

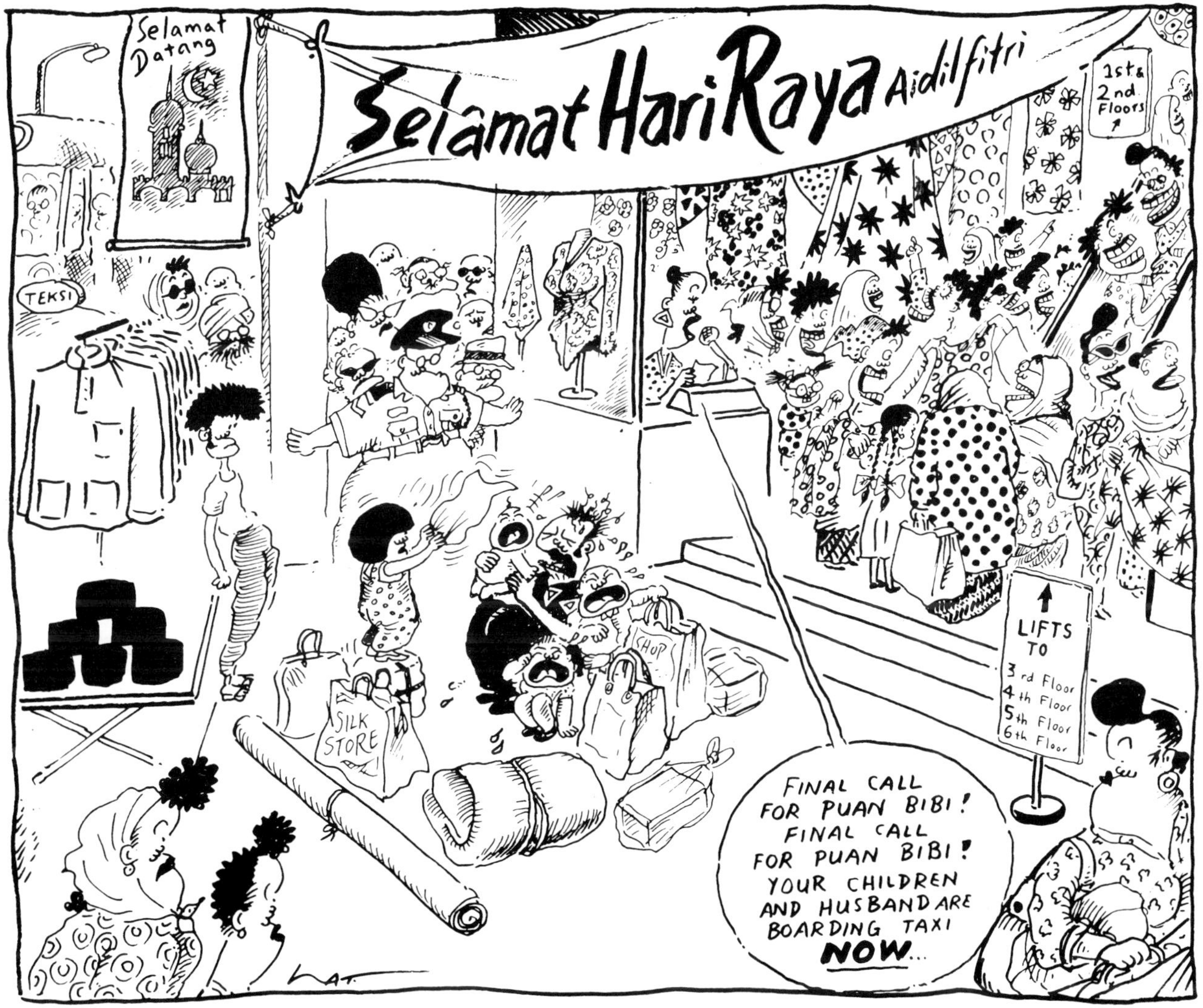
Selamat Datang
Selamat Hari Raya Aidilfitri
1st & 2nd Floors
TEKSI
SILK STORE
SHOP
LIFTS TO
3rd Floor
4th Floor
5th Floor
6th Floor
FINAL CALL FOR PUAN BIBI! FINAL CALL FOR PUAN BIBI! YOUR CHILDREN AND HUSBAND ARE BOARDING TAXI NOW...
LAT

Chinese New Year in KL

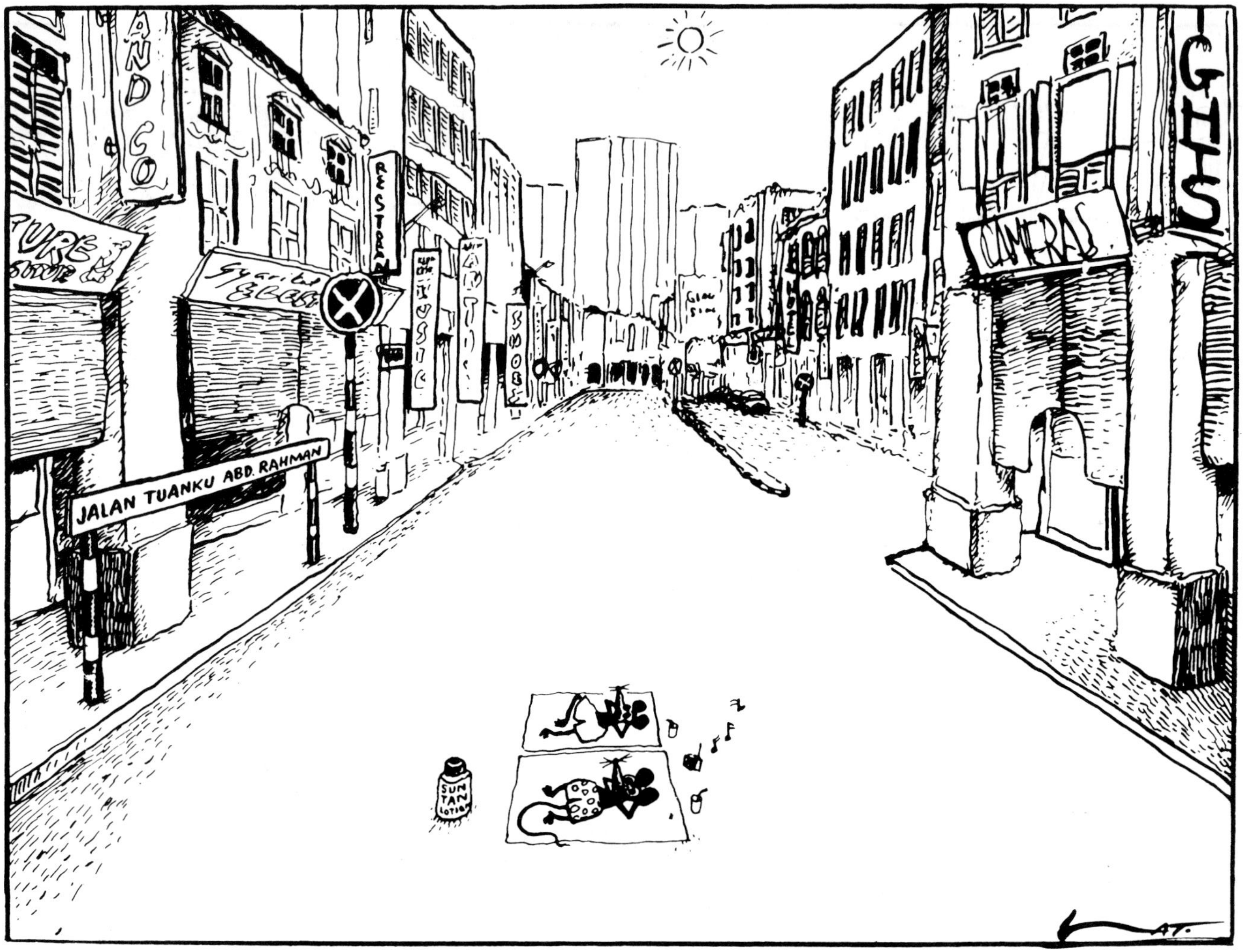
AND CO
RESTRAN
JALAN TUANKU ABD. RAHMAN
CAMERAS
SUN TAN LOTION

In Deepavali Mood

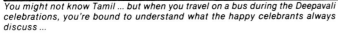
You might not know Tamil ... but when you travel on a bus during the Deepavali celebrations, you're bound to understand what the happy celebrants always discuss ...

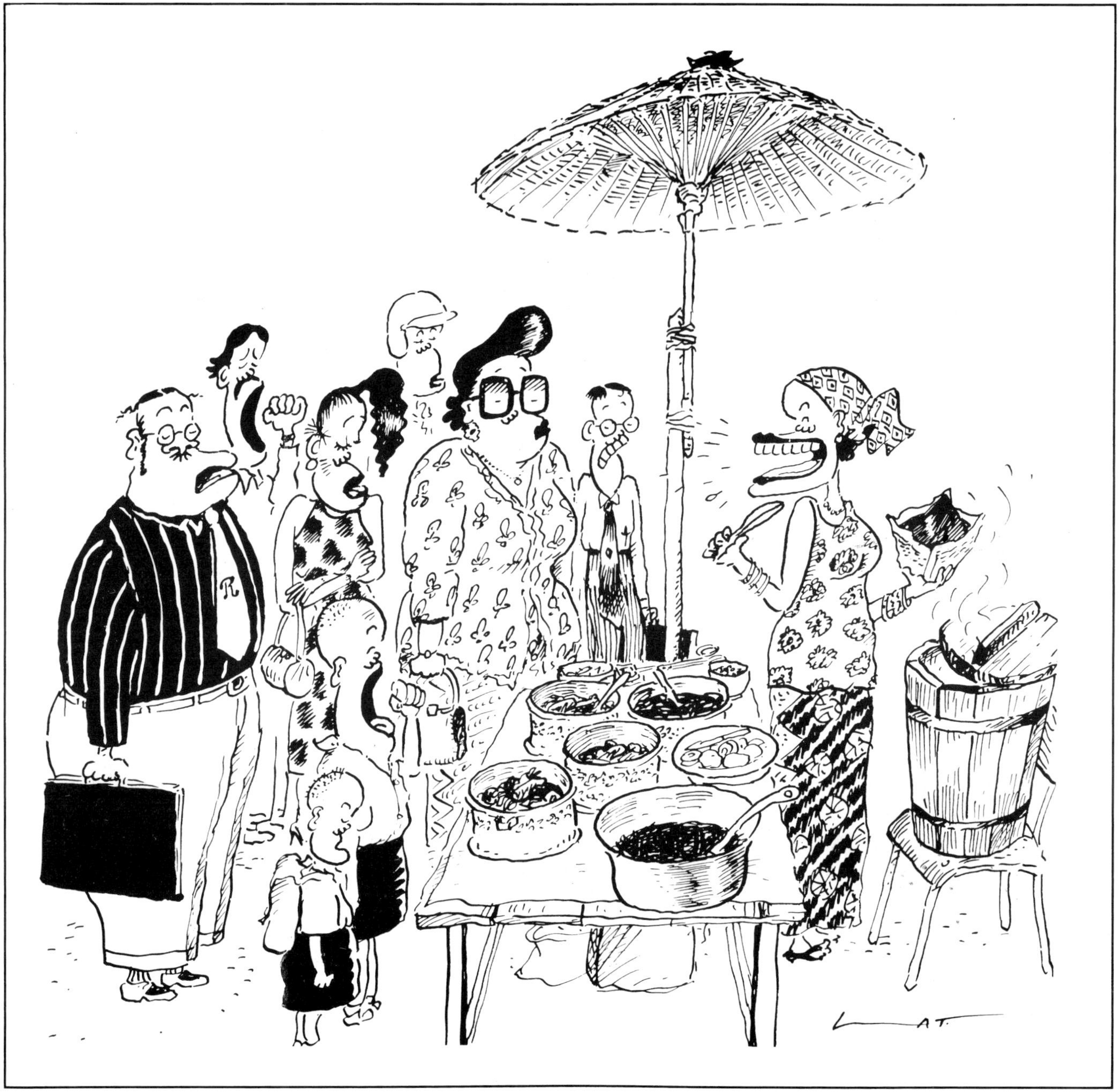

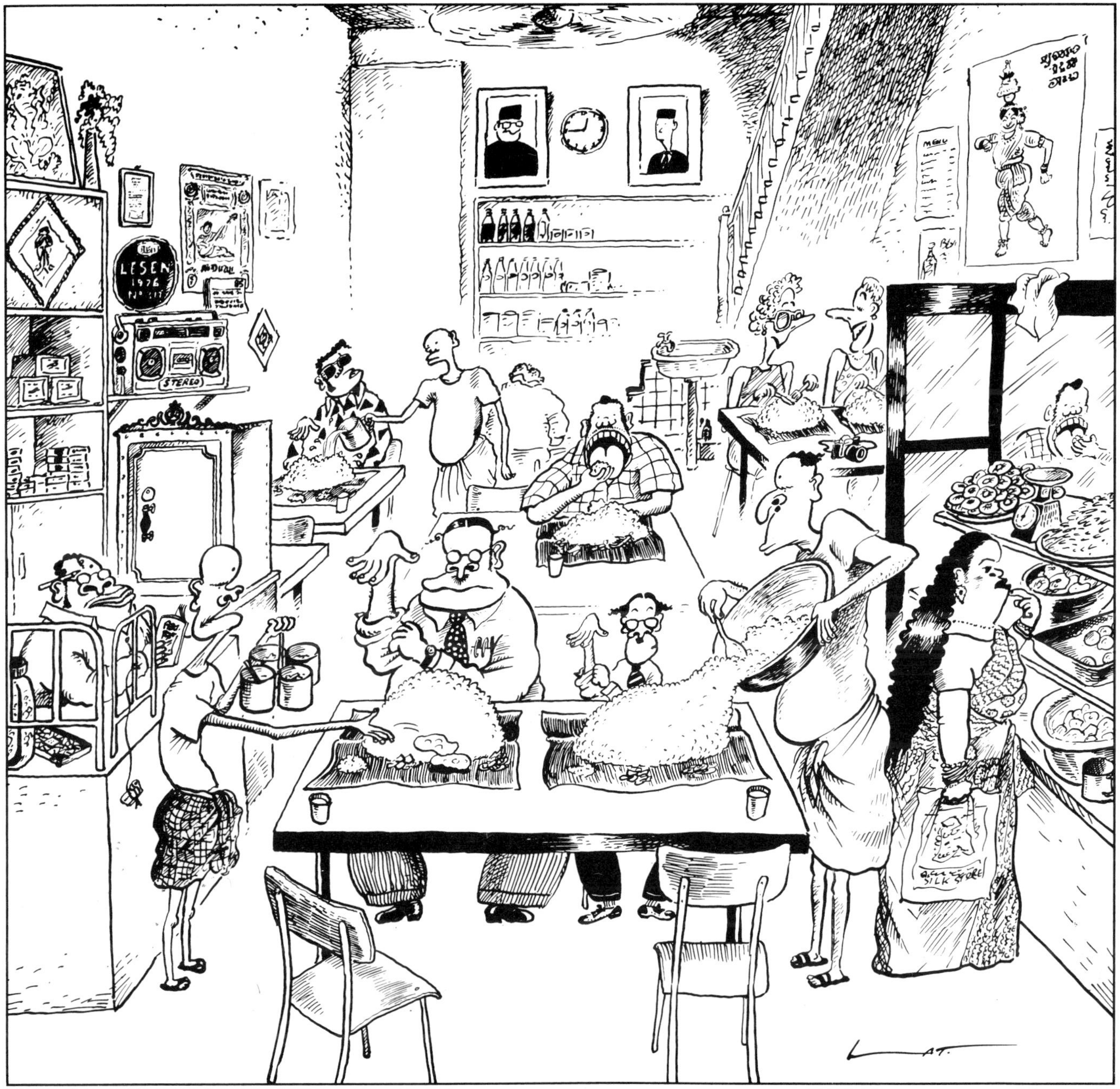
LESEN
1976
STEREO
SILK STORE

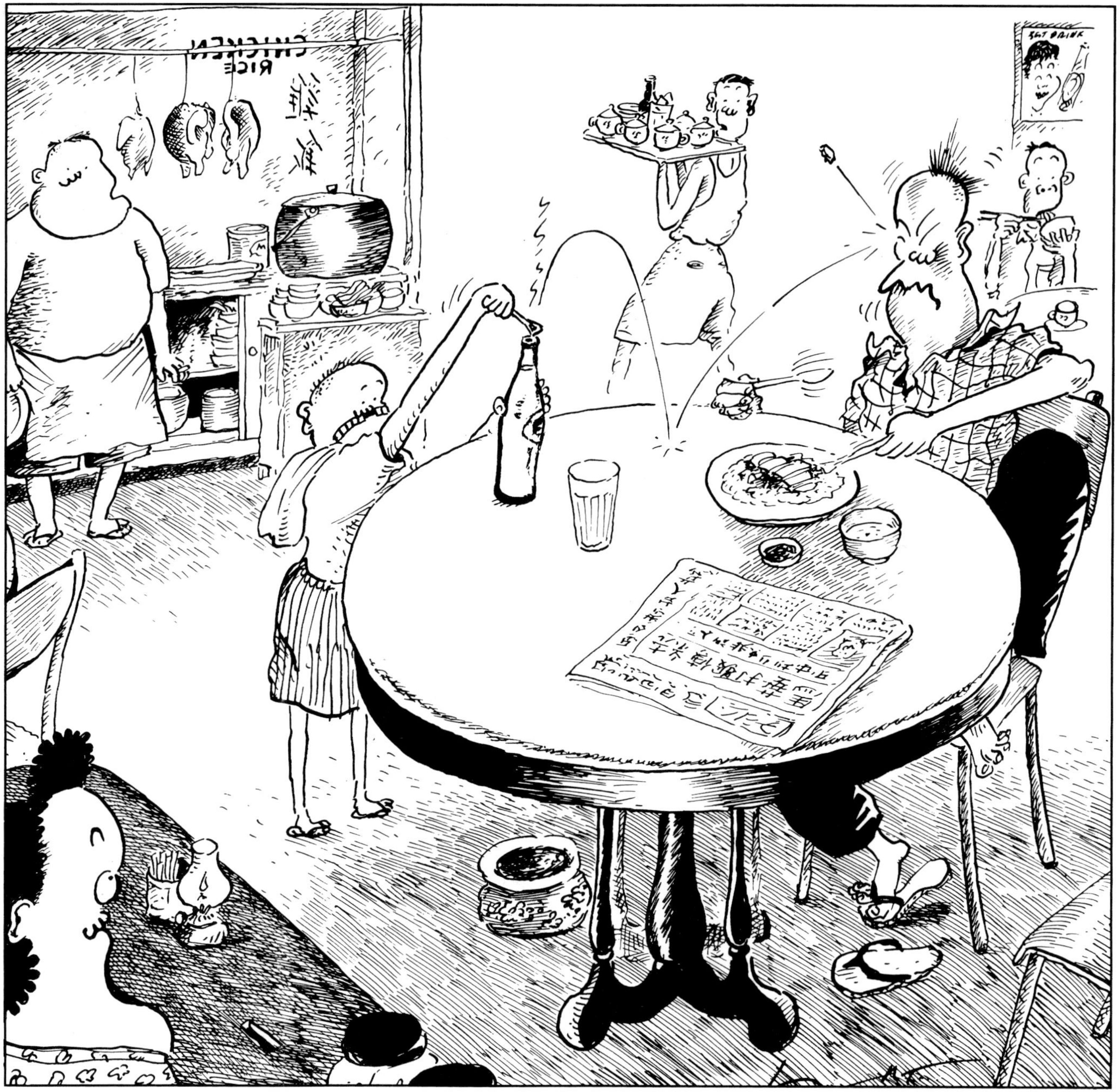

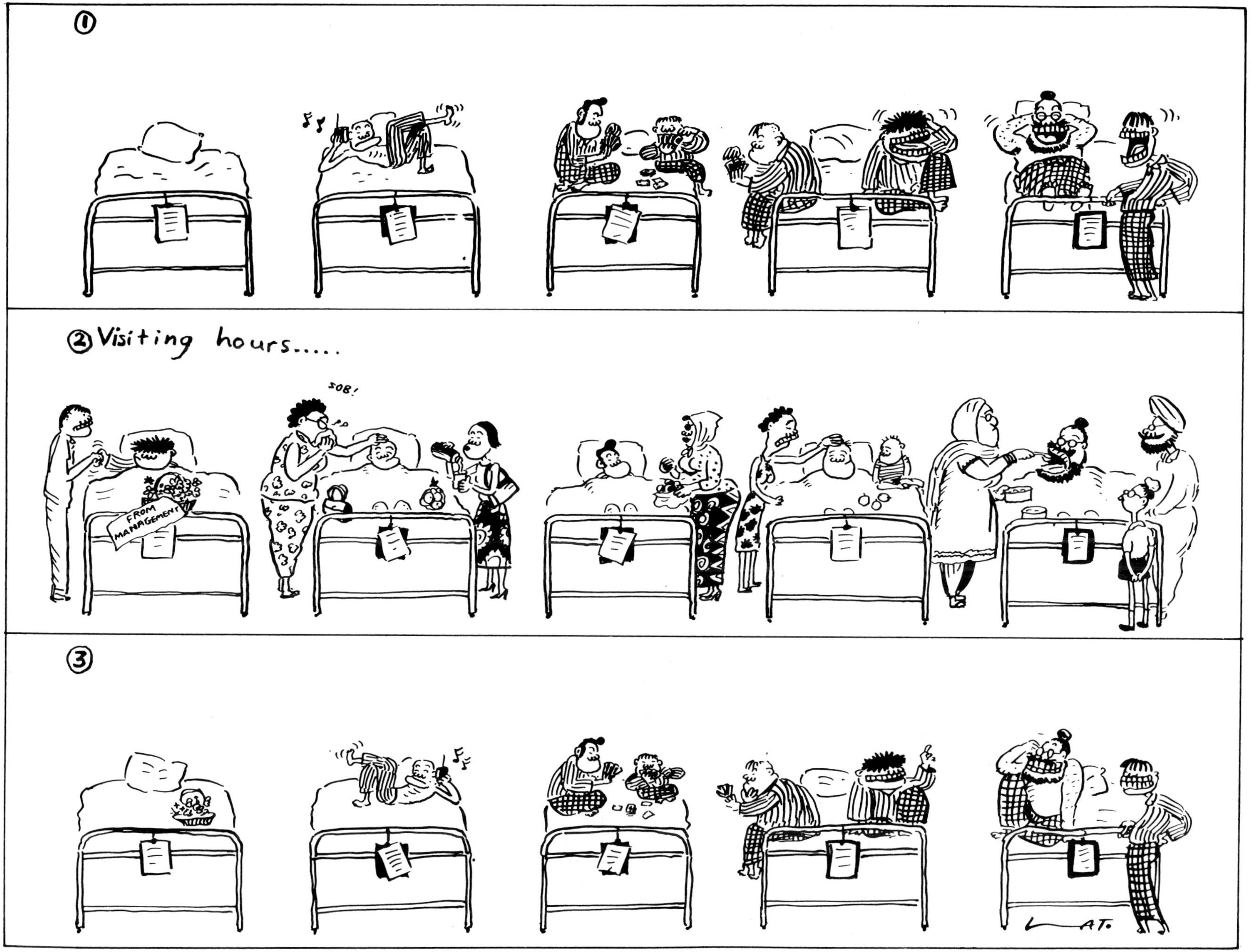
①
② Visiting hours.....
SOB!
FROM MANAGEMENT
③
LAT

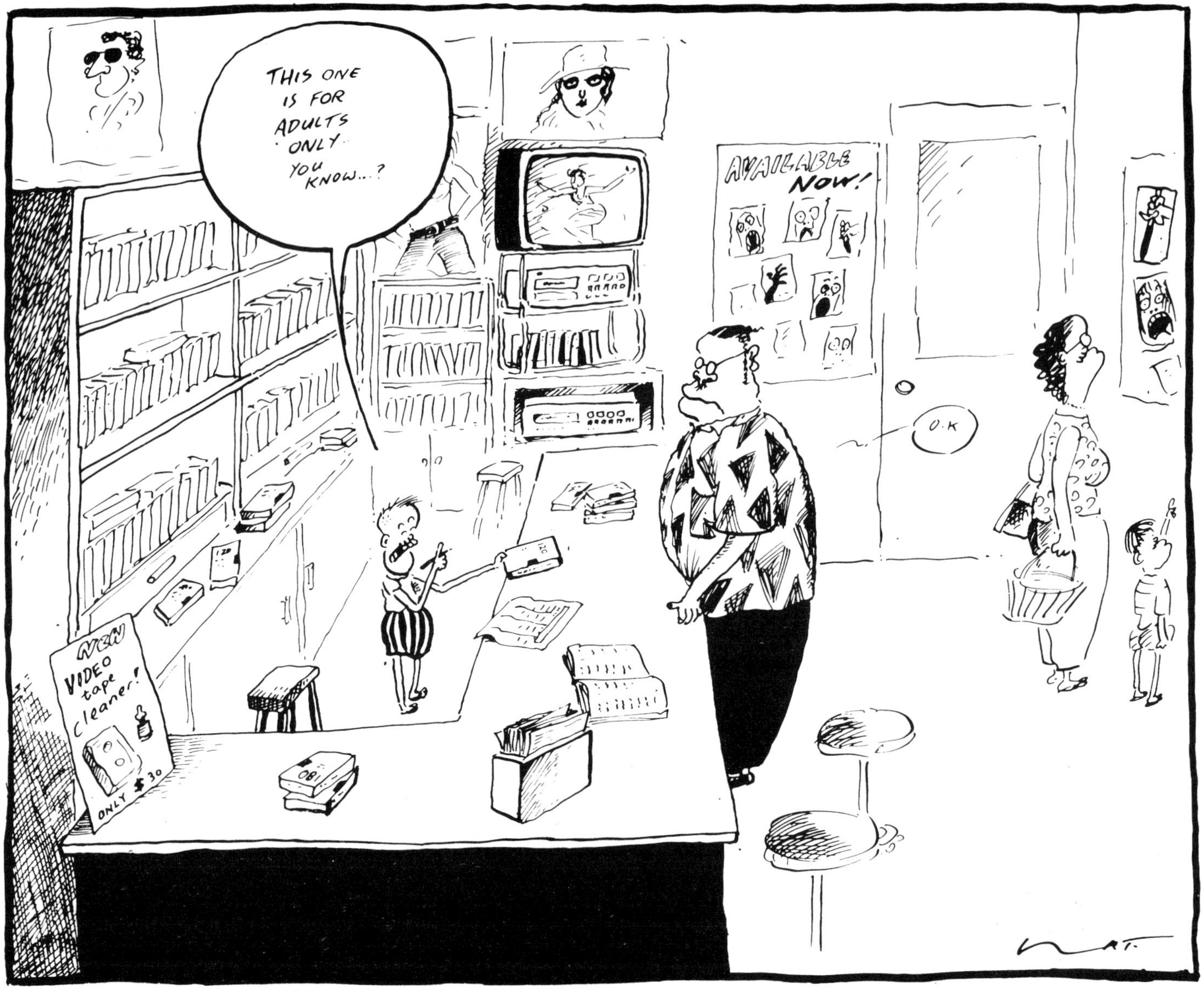
THIS ONE IS FOR ADULTS ONLY YOU KNOW...?
O.K
AVAILABLE NOW!
NEW VIDEO tape cleaner!
ONLY $30

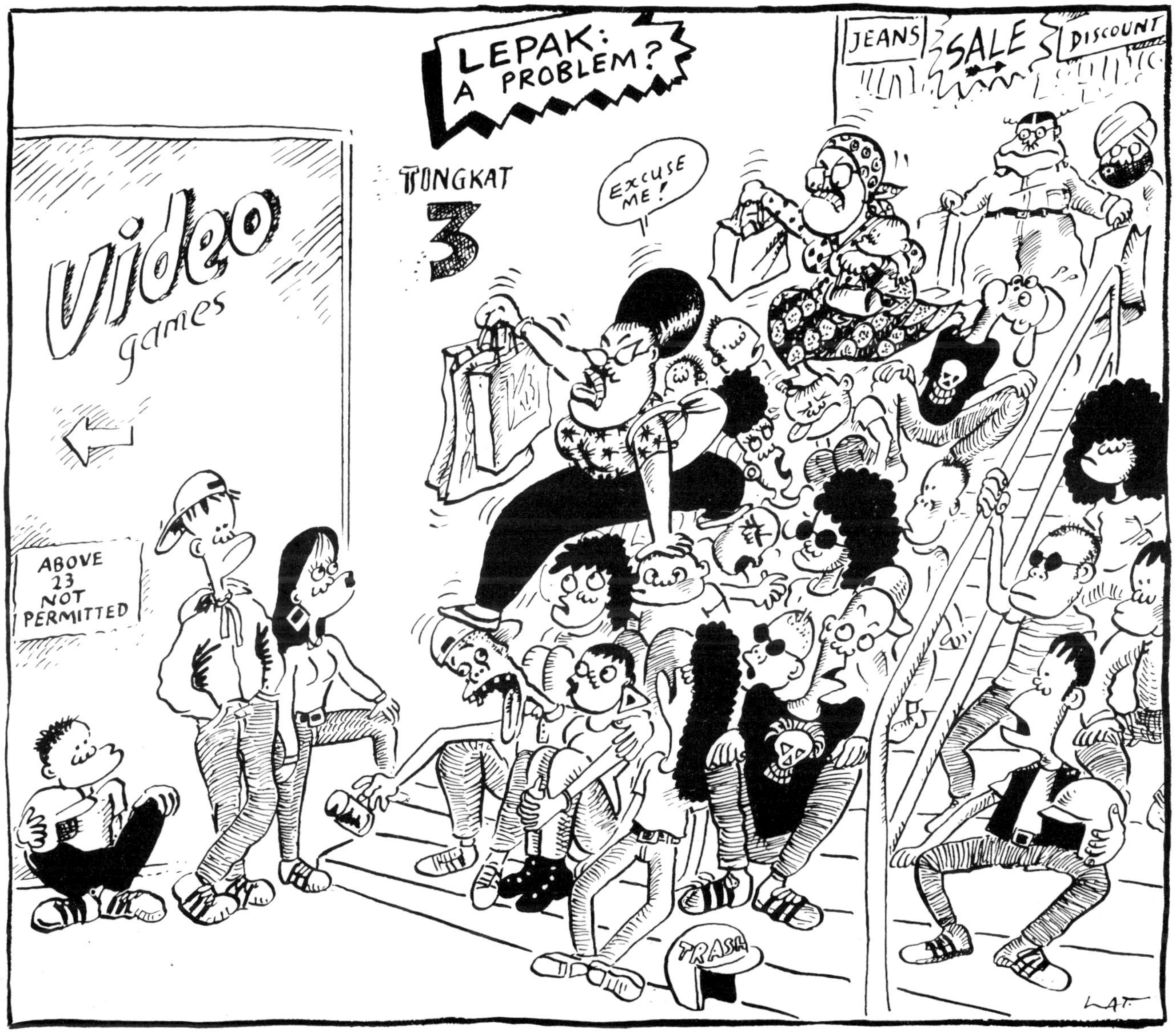
LEPAK: A PROBLEM?
JEANS
SALE
DISCOUNT
Video games
TONGKAT 3
EXCUSE ME!
ABOVE 23 NOT PERMITTED
TRASH
LAT.

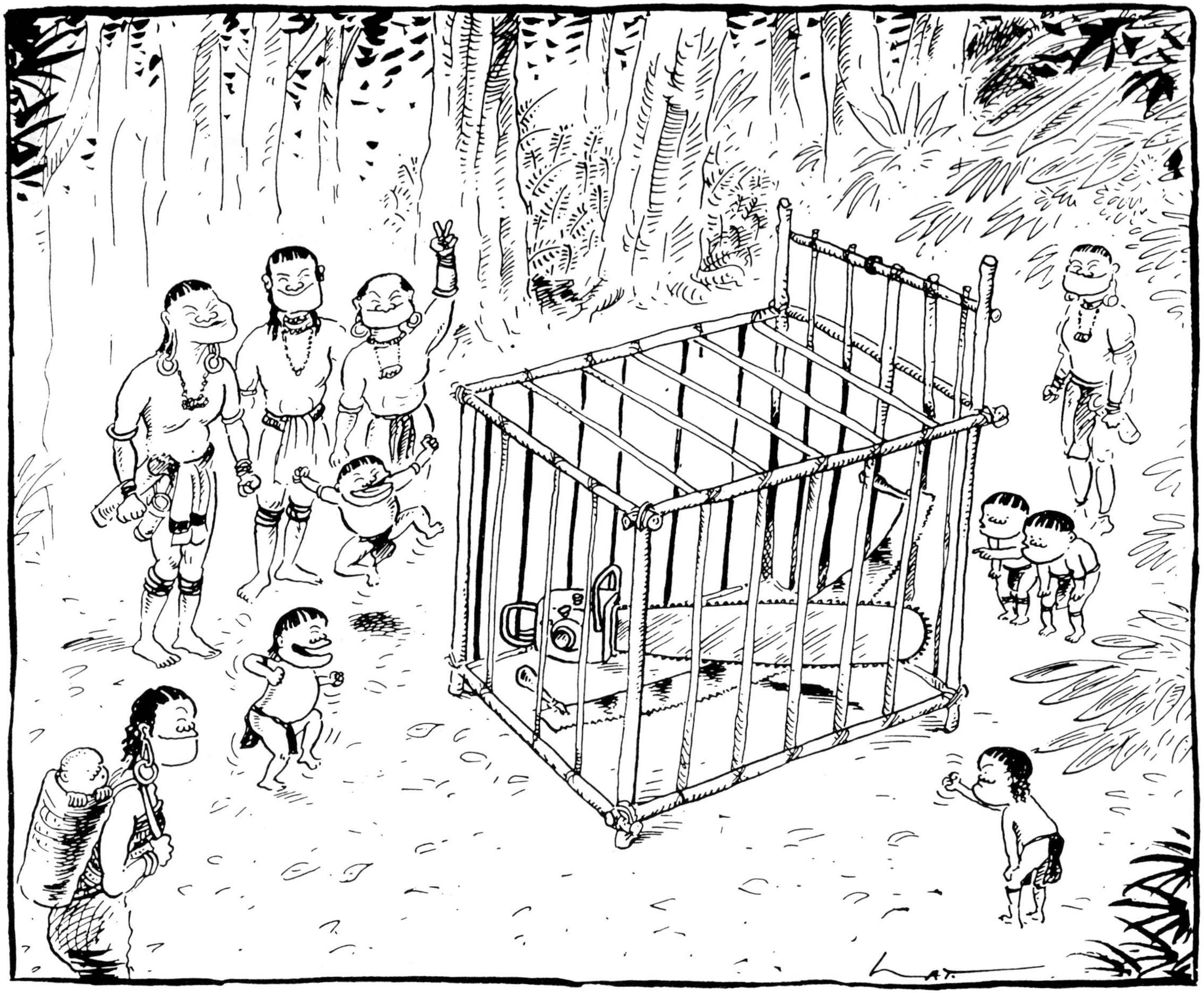

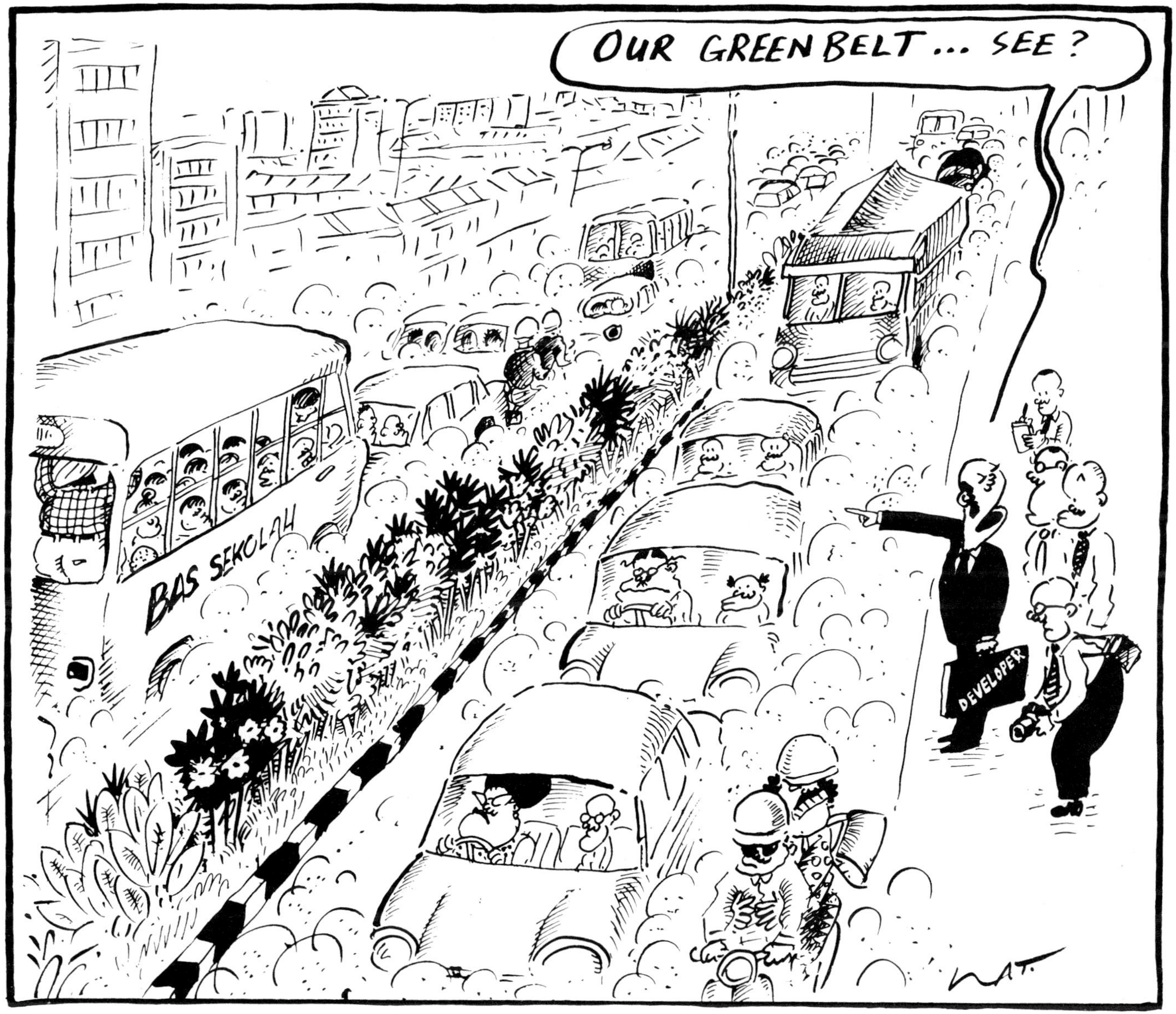
OUR GREENBELT ... SEE?
BAS SEKOLAH
DEVELOPER
LAT.

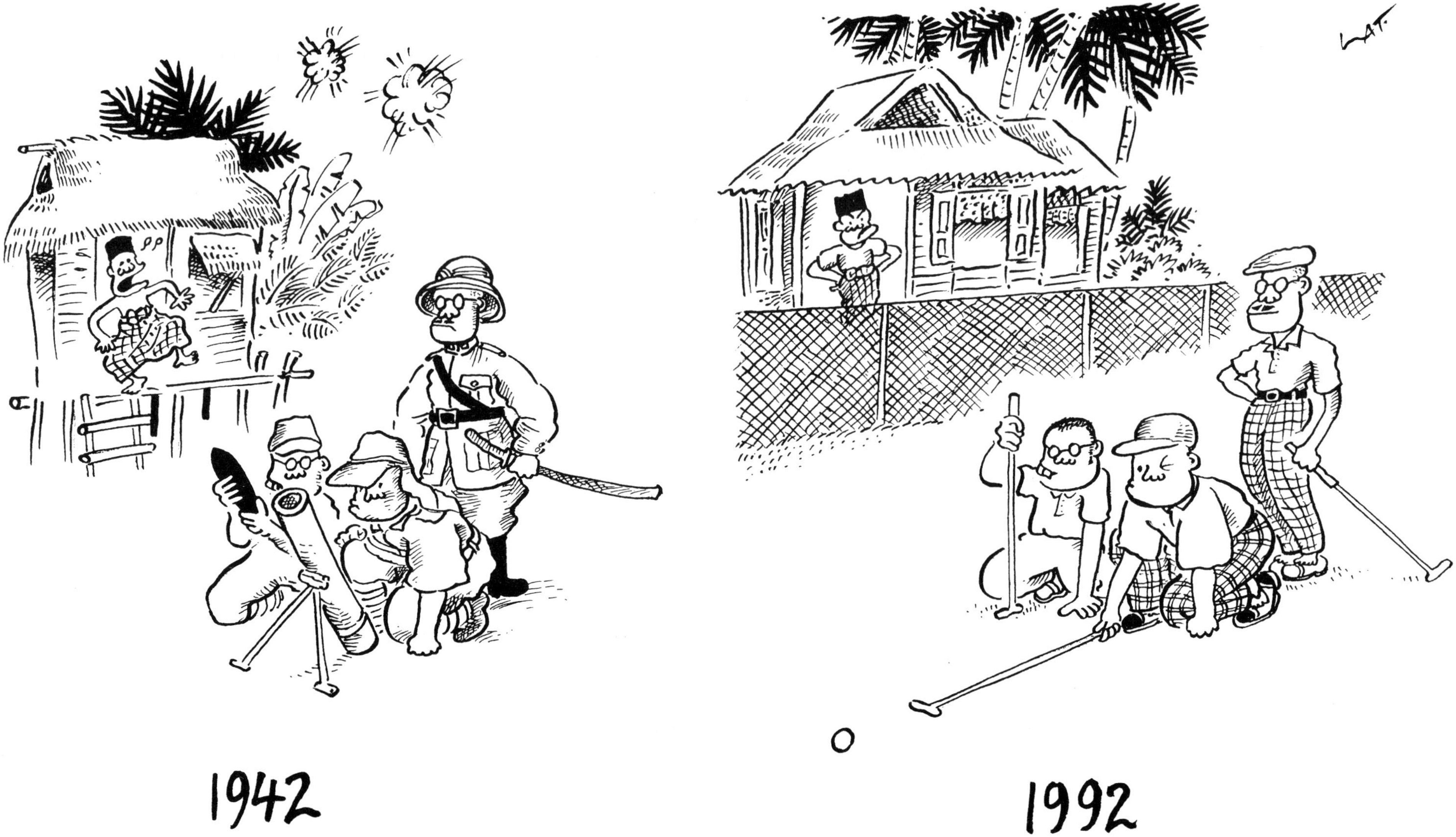
LAT.
1942
1992

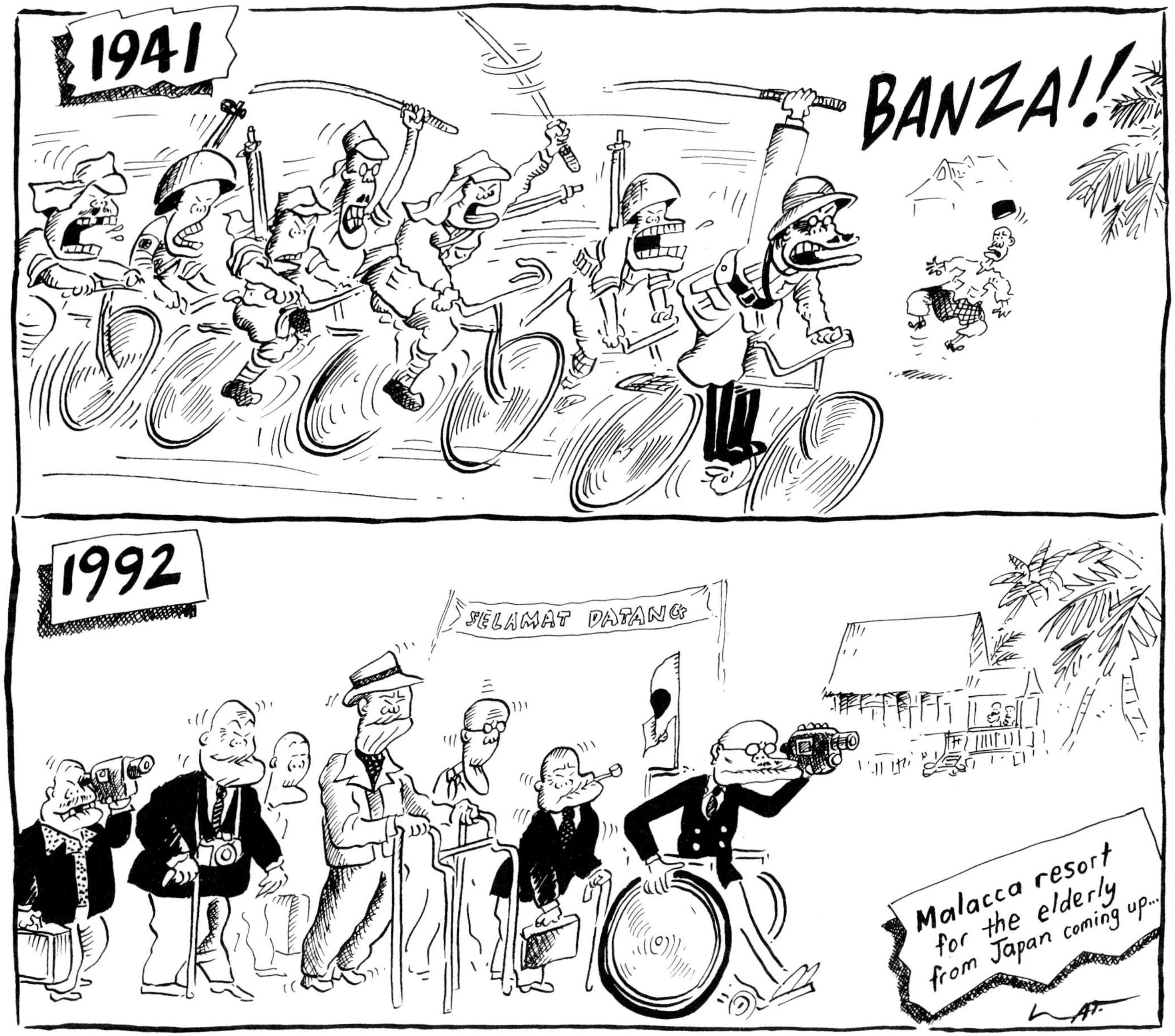
1941
BANZAI!!
1992
SELAMAT DATANG
Malacca resort for the elderly from Japan coming up...
LAT

Lord Carrington, the mediator.

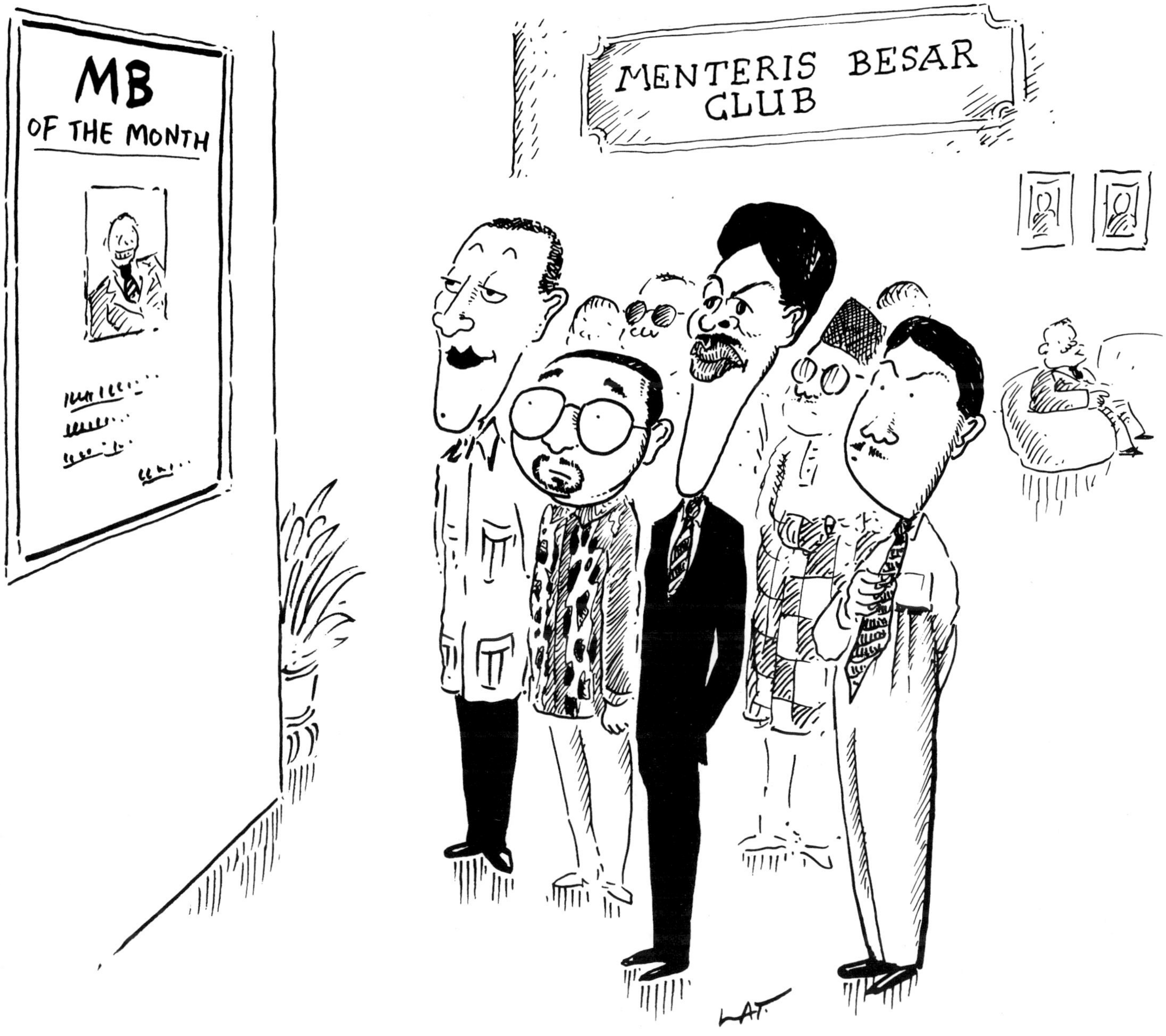
MB
OF THE MONTH
MENTERIS BESAR
CLUB
LAT.

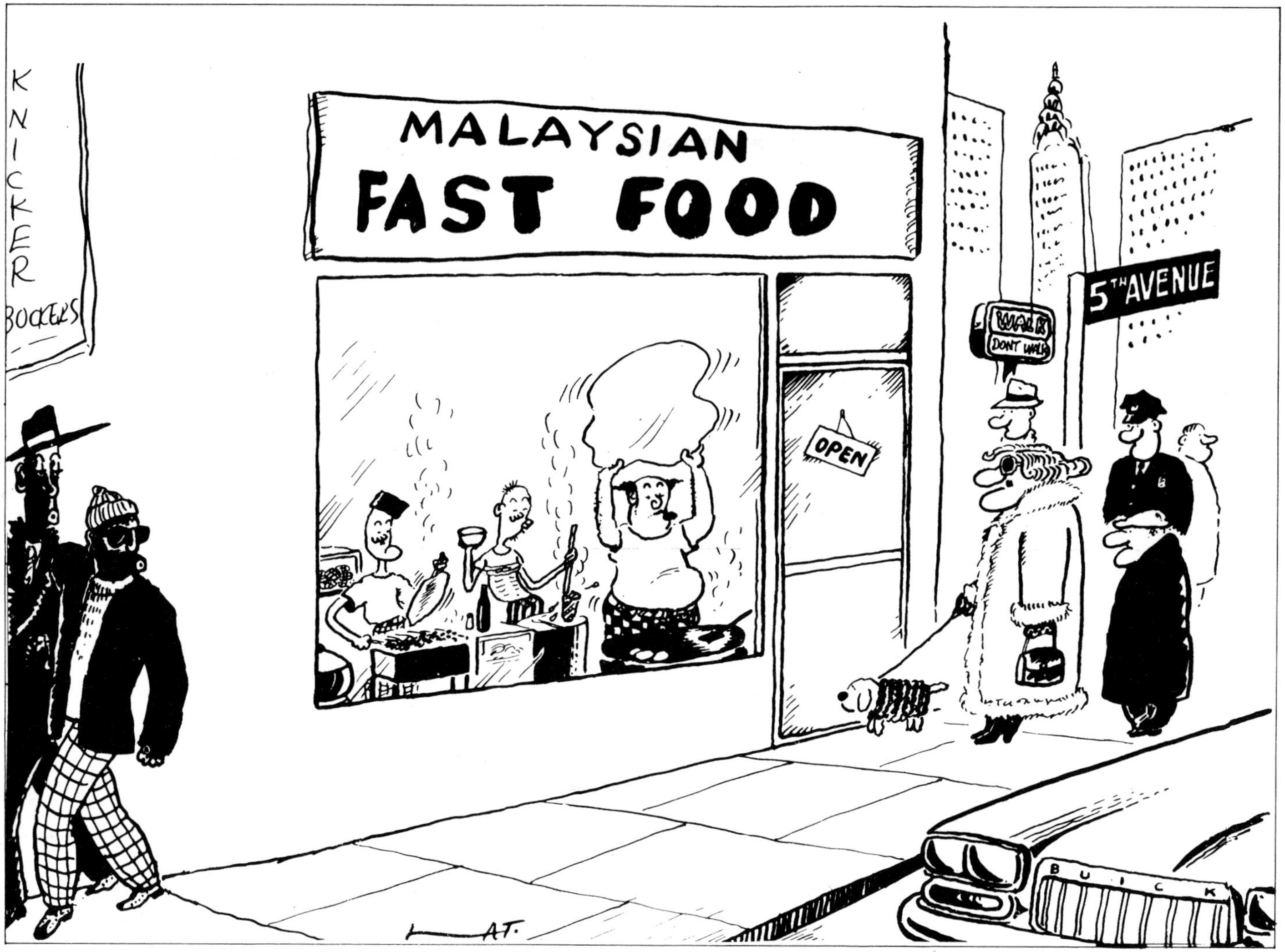
KNICKER BOCKERS
MALAYSIAN
FAST FOOD
OPEN
WALK
DONT WALK
5TH AVENUE
BUICK
LAT.

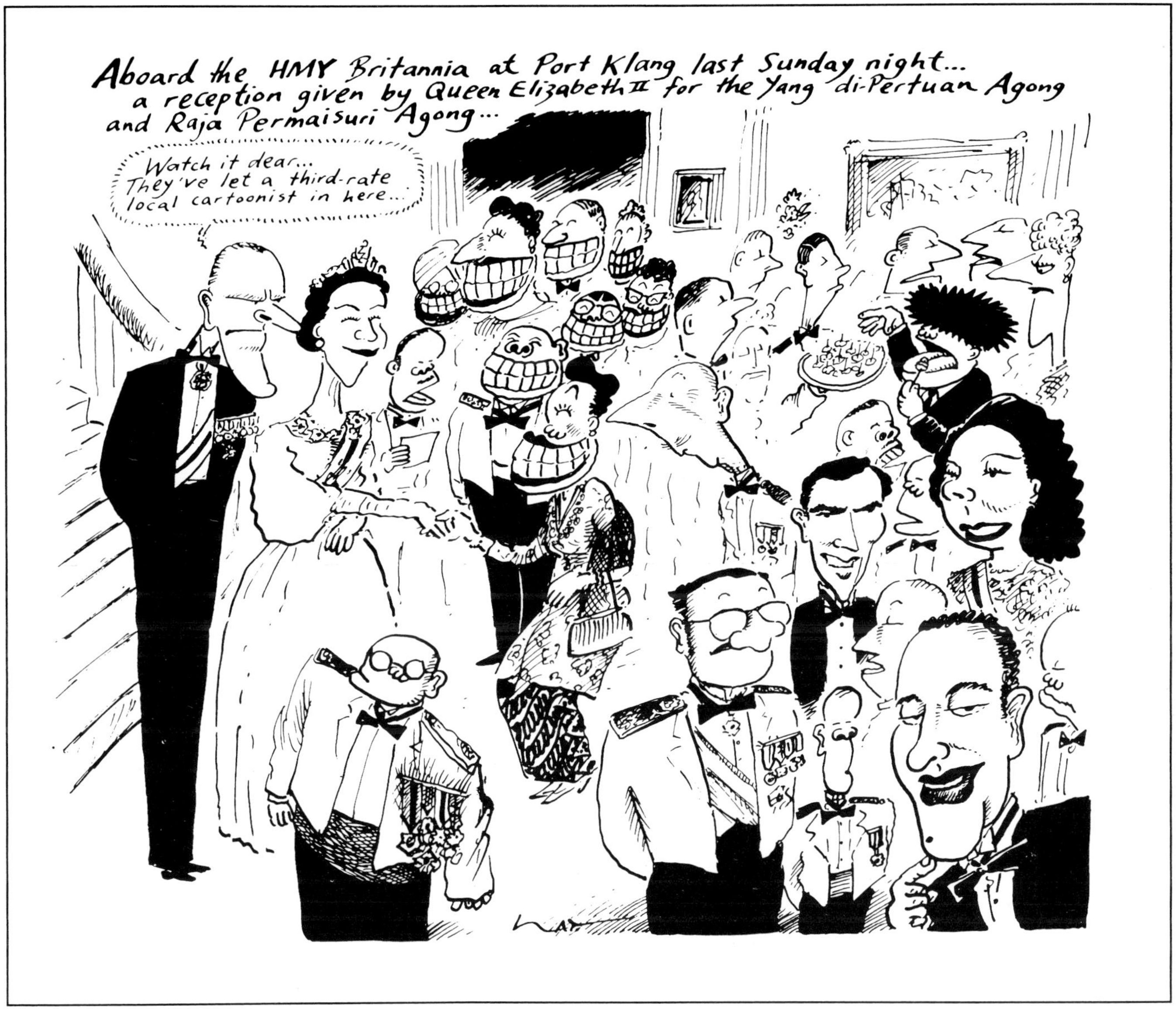

Aboard the HMY Britannia at Port Klang last Sunday night... a reception given by Queen Elizabeth II for the Yang di-Pertuan Agong and Raja Permaisuri Agong...
Watch it dear... They've let a third-rate local cartoonist in here...

Down Malacca Way

Oh! Malacca ..... everywhere I look history grips me. I was contemplating her river from the old bridge near the river mouth .....

..... full aware that I was on the focal point of the Portuguese attack .....

Nope, I just couldn't stop it. Down in Malacca town my train of thought carried me far far away. There was even Hang Tuah and his close friends.

And just as I sat by the sea in Taman Merdeka, a wifely gift to the Sultan arrived from Peking.

It was amazing! There were hundreds of international traders ..... Arabs, Gujeratis, Parsees, Sumatrans and Chinese ..... with everything from tobacco to jewels.

Beli cencaluk, be?

It didn't take long for me to get back to the present. The traders were apparently local ones selling cheap souvenirs and cencaluk.

Lat's story of Perak

The story of tin began with the discovery of deposits in Larut. Long Ja'afar, the Malay chieftain, made the discovery when one day an elephant belonging to Taiping tin miners escaped into the jungle in Kamunting.

When it was re-captured, the elephant was found covered with mud rich in tin.

Tu dia... hang tengok!

The discovery sparked off a tin-rush to the district. Especially by the Chinese who went there in large numbers.

However, too many of them got there. And in no time feuds started to spread as rival Chinese clans clashed for control of the mining area.

150

It seemed Larut was being torn in two by the rival Chinese clans namely the Ghee Hin and Hai San. Clashes broke up over and over again from 1861 and became worse in the 1870's.

And nobody seemed to be able to put the war to a stop. Even Cik Ngah Ibrahim who had succeeded his father, Chieftain Long Jaafar, failed to subdue the Chinese.

Meanwhile......

Perak proper was in a state of anarchy after the death of Sultan Ali. The Raja Muda, Raja Abdullah, became furious when he was not installed as the new ruler.

The Perak chiefs had instead appointed Bendahara Raja Ismail, an old man who was not expected to live long, as the new Sultan.

In his bid to gain the throne, Raja Abdullah turned to the British in Singapore for help.

Raja Abdullah's letter asking for British help in making him Sultan was sent to Sir Harry Ord, The Governor of the Straits Settlements who so happened to be on the point of retiring ...

He wouldn't help because British policy then was one of the strictest non-intervention.

Later ... however, good news for Raja Abdullah when Sir Andrew Clarke took over as Governor. The policy seemed to change.

Raja Abdullah made it known that although he was the Raja Muda — heir to the throne — he just couldn't go to Sayong to become Sultan after Sultan Ali's death because he was afraid of being attacked by Raja Yusuf.

Raja Yusuf — the son of Sultan Ali, had made it clear that he considered the throne of Perak to be his...

To go upriver to Sayong, Raja Abdullah would have to pass Raja Yusuf's place, Kampung Senggang. ... No way.

And so ... on meeting Governor Clarke, Raja Abdullah expressed his determination to end the disorders in Larut (which would really please the mining towkays in Penang) and made a suggestion which the Governor had longed to hear.

Were I Sultan... I should ask for a British officer to be resident at my court to advise me upon matters of administration.

Ooo... well!... er... in that case... there's no problem at all...

One day the Penghulu of Pulau Pangkor, Haji Mat Akib, asked a carpenter by the name of Ismail to make a table for an important meeting.

The table — made of merbau wood — of course went down in history. For five days Raja Abdullah and Perak Malay Chiefs conferred round it in Pulau Pangkor.

And finally, on January 20 1874, they signed the Treaty of Pangkor with the British on this table. Thus Raja Abdullah became Sultan and Perak opened her doors to the British and to more troubles.

moh kita

Raja Abdullah's story ended with him turning against the British who eventually deported him to the Seychelles.

Today, more than 100 years later, carpenter Ismail's table is still standing strong. In our Museum Negara.

END

154

It's been a hundred years... Let's look back into the history of the most economically important tree in Malaysia...

Henry Ridley (with tongkat) actively encouraging the planting of rubber sometime in the 1880's...

In the 1900's **Rubber** planting grew rapidly. Demand for labour was great and so recruitment of workers — particularly from South India — was intensified...

It was a challenging task for these workers. At that time sickness rates were high. Especially Malaria. Picture shows them receiving their dosage of quinine before commencing the day's work ↓

Early 1950's: Smallholders enjoying a boom in rubber prices due to the Korean War.

Dad's plantation a few days before replanting officers came to inspect it.

It'll be yours one day!

Around the Theatres

I first knew about the glamorous world of theatre when they opened a stage at the pasar minggu in Ipoh. That time I was still a kid.

They always had hilarious scenes in every place. I enjoyed it very much when they had this ghost rising from the grave.

HO! HO! HO!

That's the time I learnt some of the extraordinary stage techniques.

Hee! hee!

In the beginning we didn't have any back-drops on stage. Thus the players had to indicate to the audience which place they were in. e.g. "Why are you bringing me here ... to the middle of this padi field?"

Then came the back-drops as background for ... well ... a rich man's living room, a poor man's home, a town and the countryside.

Eventually, they had the prop walls with cut-out windows and doors.

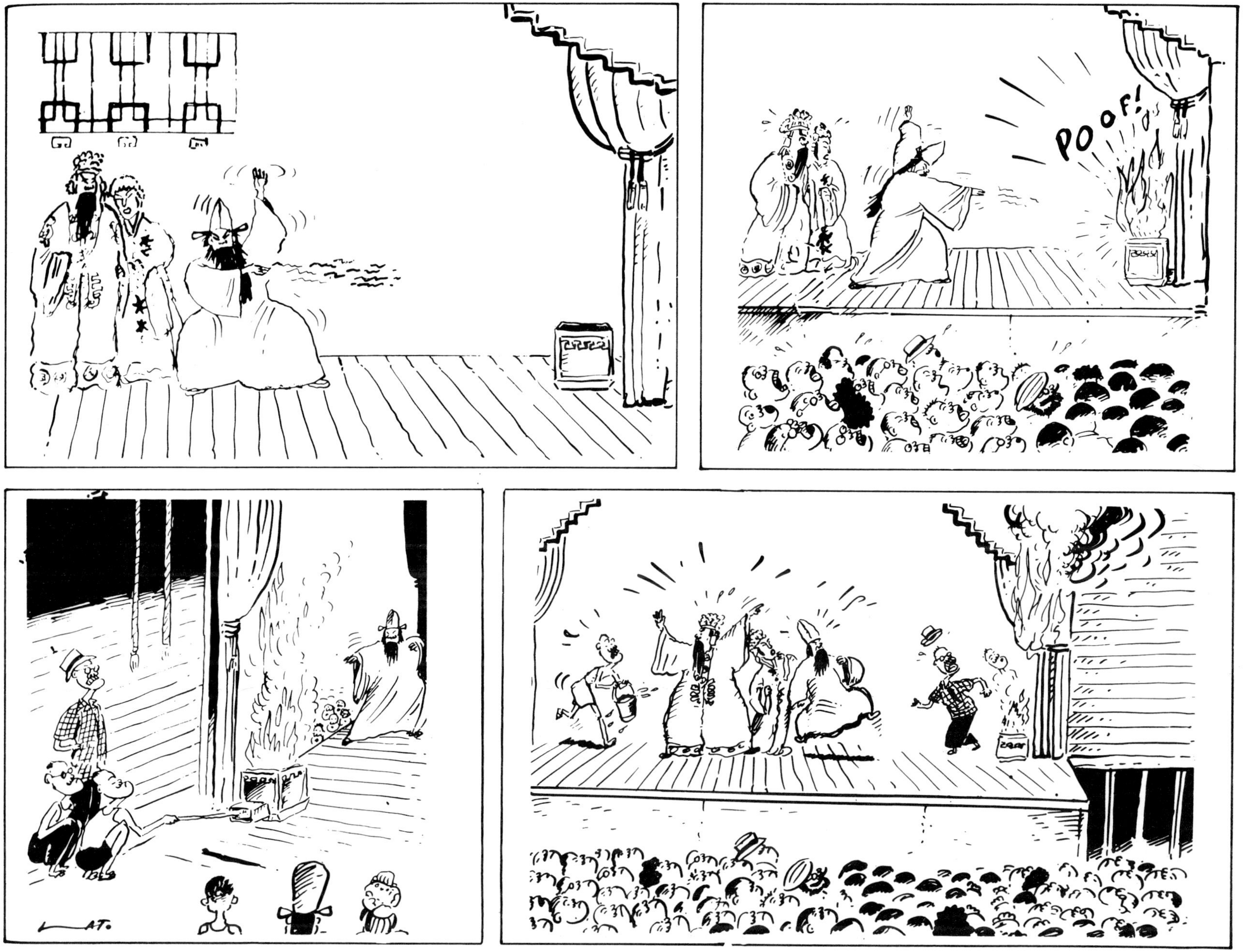
POOF!

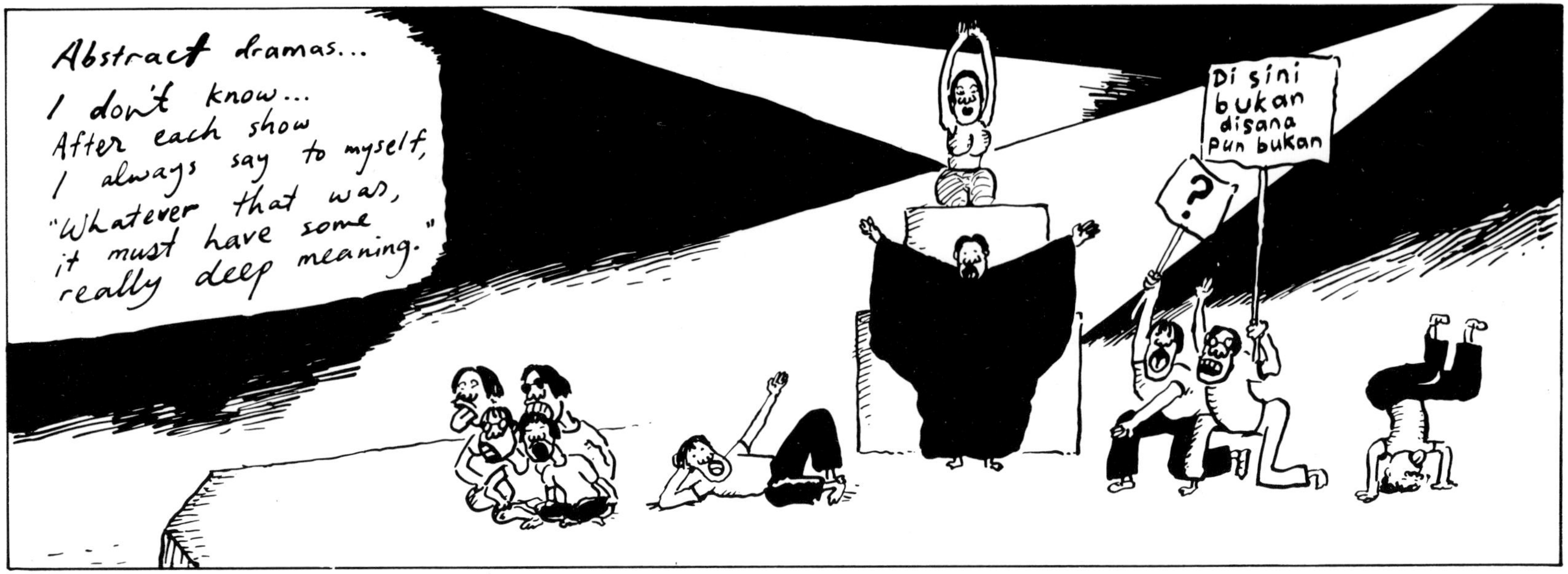
Abstract dramas...
I don't know...
After each show
I always say to myself,
"Whatever that was,
it must have some
really deep meaning."
Di sini bukan disana pun bukan
?

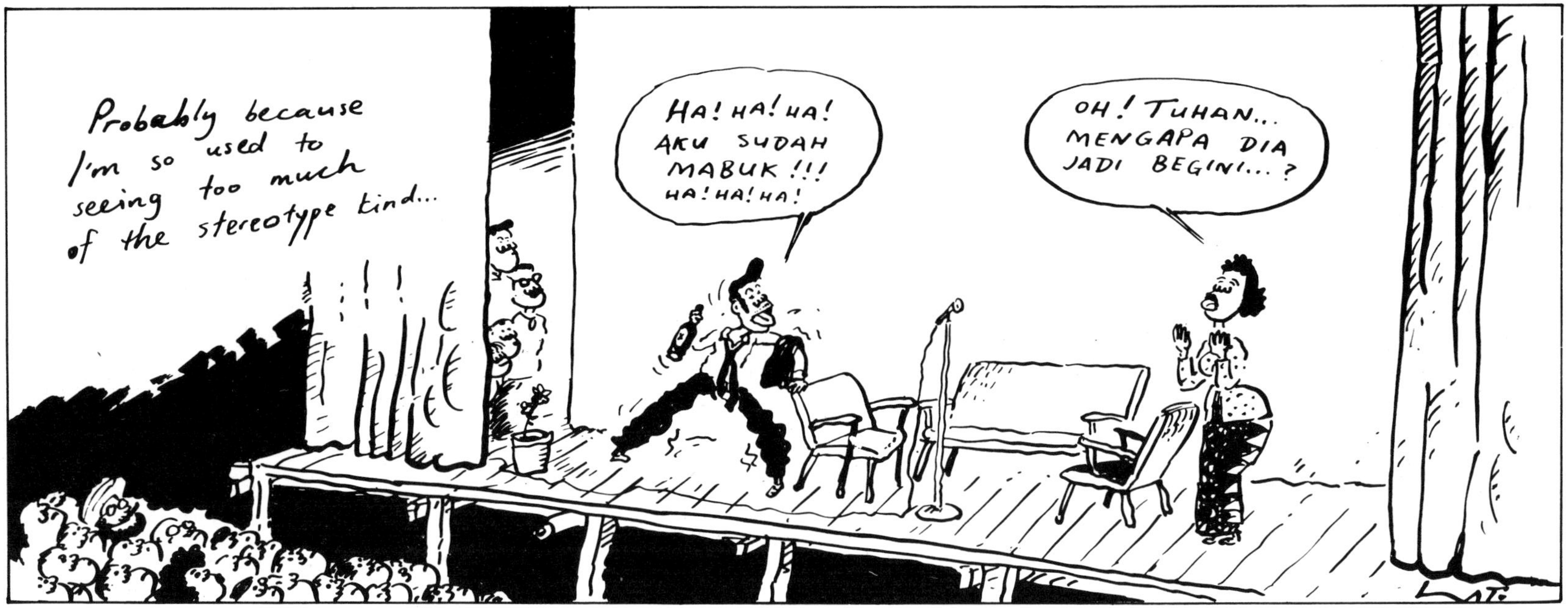
Probably because I'm so used to seeing too much of the stereotype kind...
HA! HA! HA! AKU SUDAH MABUK!!! HA! HA! HA!
OH! TUHAN.. MENGAPA DIA JADI BEGINI...?
LAT

Inspector Muniandy......(Police story)

161

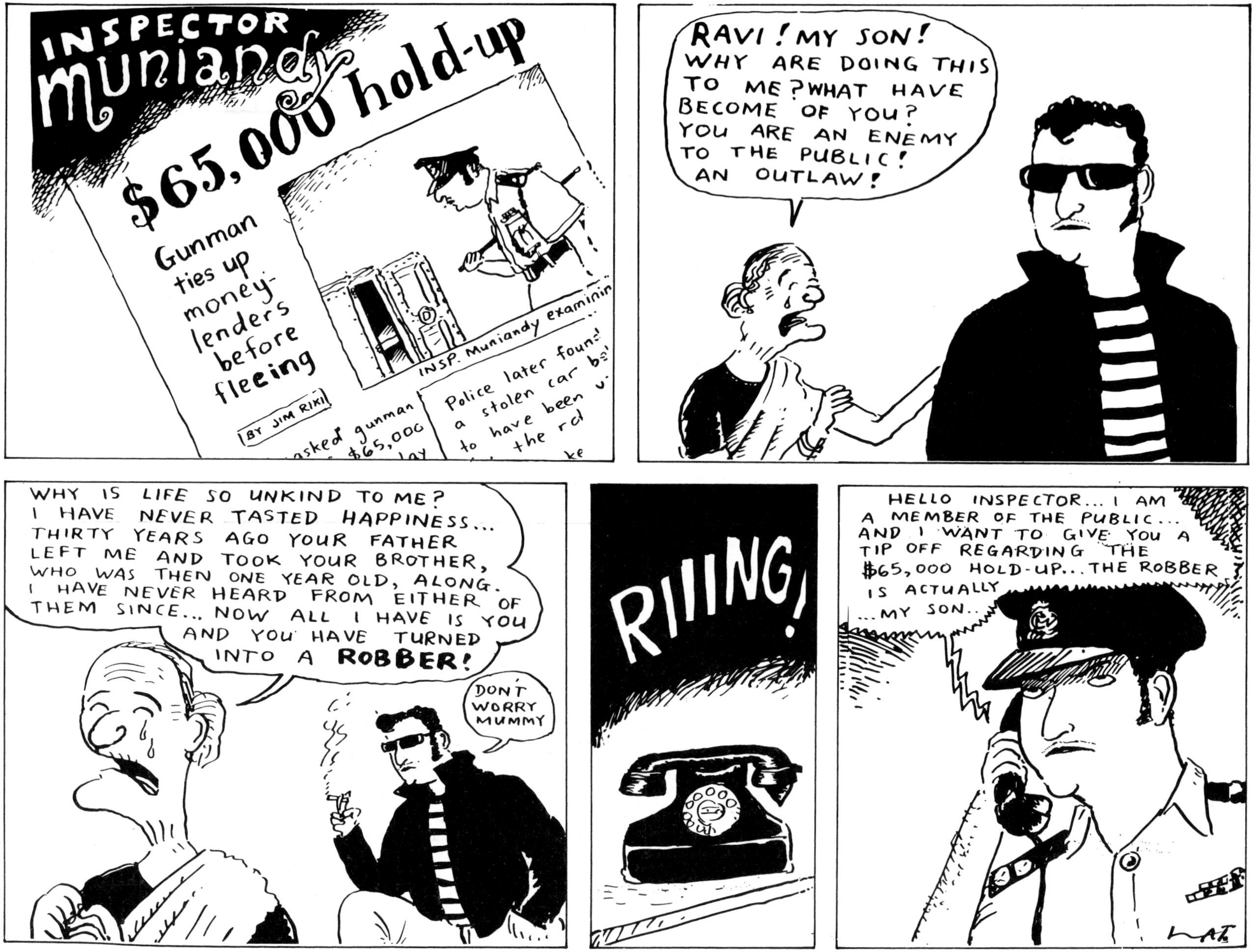

INSPECTOR muniandy
$65,000 hold-up
Gunman ties up money-lenders before fleeing
BY JIM RIKI
INSP. Muniandy examinin
Police later found a stolen car b to have been the rd
RAVI! MY SON! WHY ARE DOING THIS TO ME? WHAT HAVE BECOME OF YOU? YOU ARE AN ENEMY TO THE PUBLIC! AN OUTLAW!
WHY IS LIFE SO UNKIND TO ME? I HAVE NEVER TASTED HAPPINESS... THIRTY YEARS AGO YOUR FATHER LEFT ME AND TOOK YOUR BROTHER, WHO WAS THEN ONE YEAR OLD, ALONG. I HAVE NEVER HEARD FROM EITHER OF THEM SINCE... NOW ALL I HAVE IS YOU AND YOU HAVE TURNED INTO A ROBBER!
DON'T WORRY MUMMY
RIIING!
HELLO INSPECTOR... I AM A MEMBER OF THE PUBLIC... AND I WANT TO GIVE YOU A TIP OFF REGARDING THE $65,000 HOLD-UP... THE ROBBER IS ACTUALLY ...MY SON...
LAT

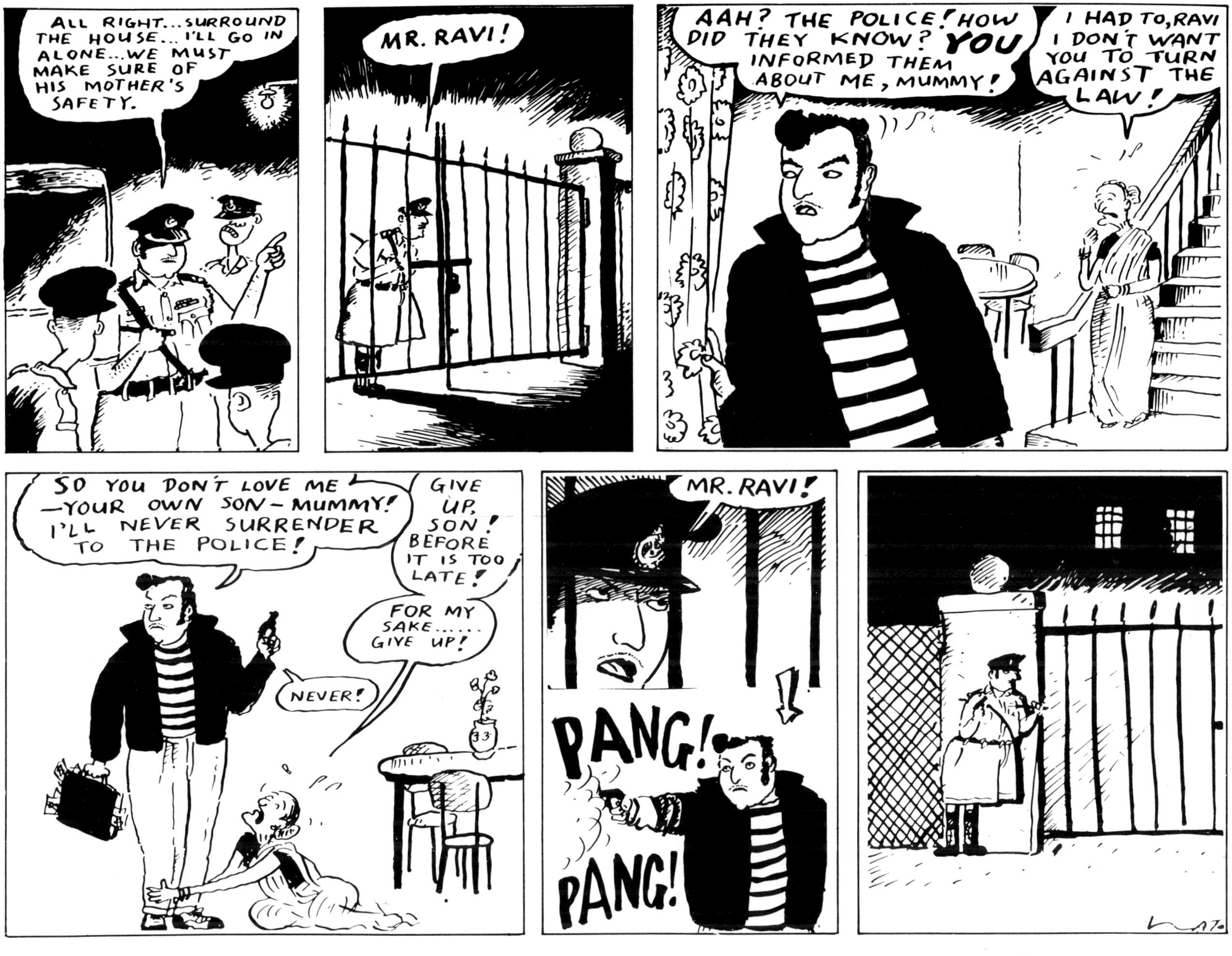

ALL RIGHT...SURROUND THE HOUSE...I'LL GO IN ALONE...WE MUST MAKE SURE OF HIS MOTHER'S SAFETY.
MR. RAVI!
AAH? THE POLICE! HOW DID THEY KNOW? YOU INFORMED THEM ABOUT ME, MUMMY!
I HAD TO, RAVI I DON'T WANT YOU TO TURN AGAINST THE LAW!
SO YOU DON'T LOVE ME —YOUR OWN SON— MUMMY! I'LL NEVER SURRENDER TO THE POLICE!
GIVE UP, SON! BEFORE IT IS TOO LATE!
FOR MY SAKE...... GIVE UP!
NEVER!
MR. RAVI!
PANG!
PANG!

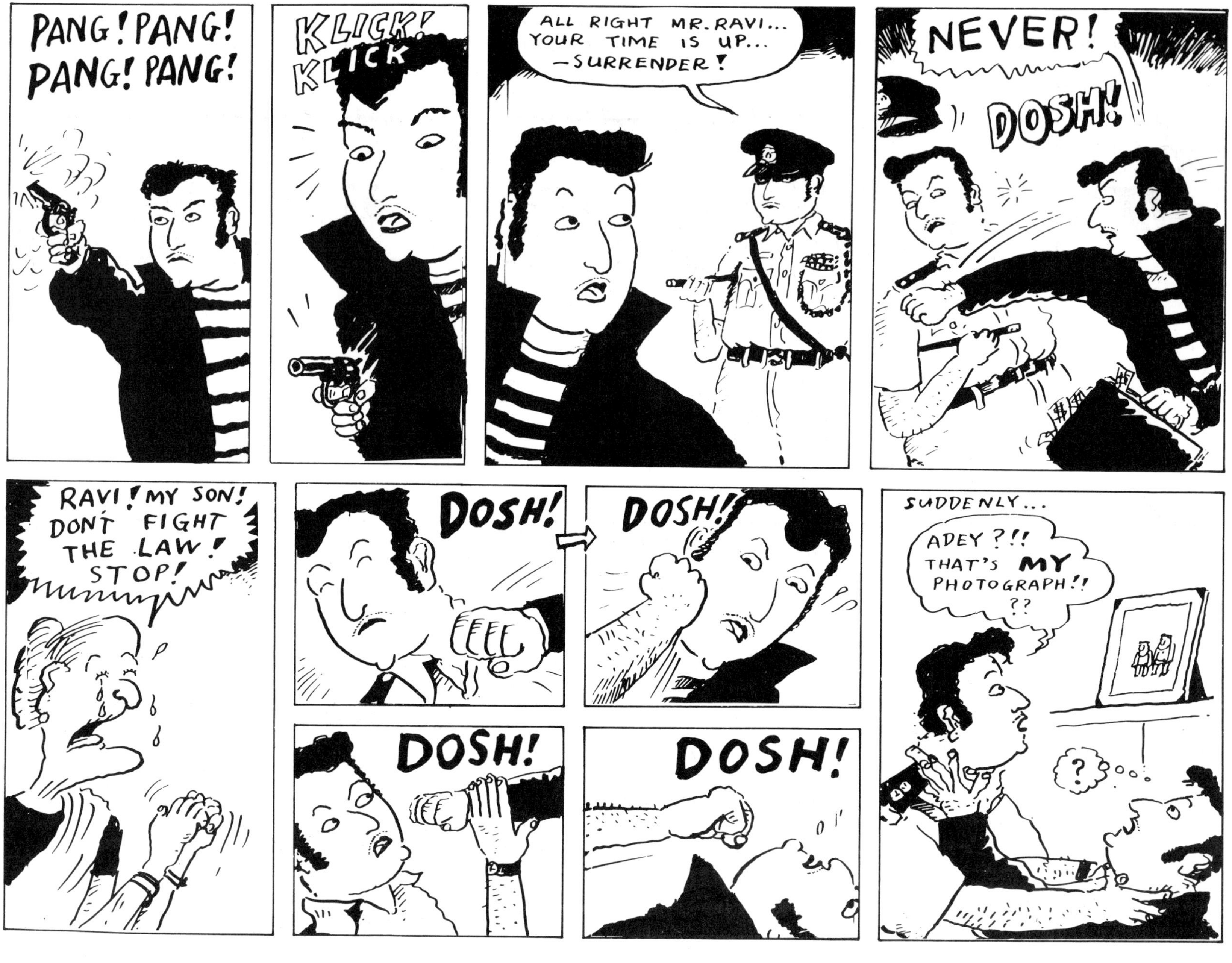

PANG! PANG! PANG! PANG!
KLICK! KLICK
ALL RIGHT MR. RAVI... YOUR TIME IS UP... —SURRENDER!
NEVER!
DOSH!
RAVI! MY SON! DON'T FIGHT THE LAW! STOP!
DOSH!
DOSH!
DOSH!
DOSH!
SUDDENLY...
ADEY ?!! THAT'S MY PHOTOGRAPH!! ??
?

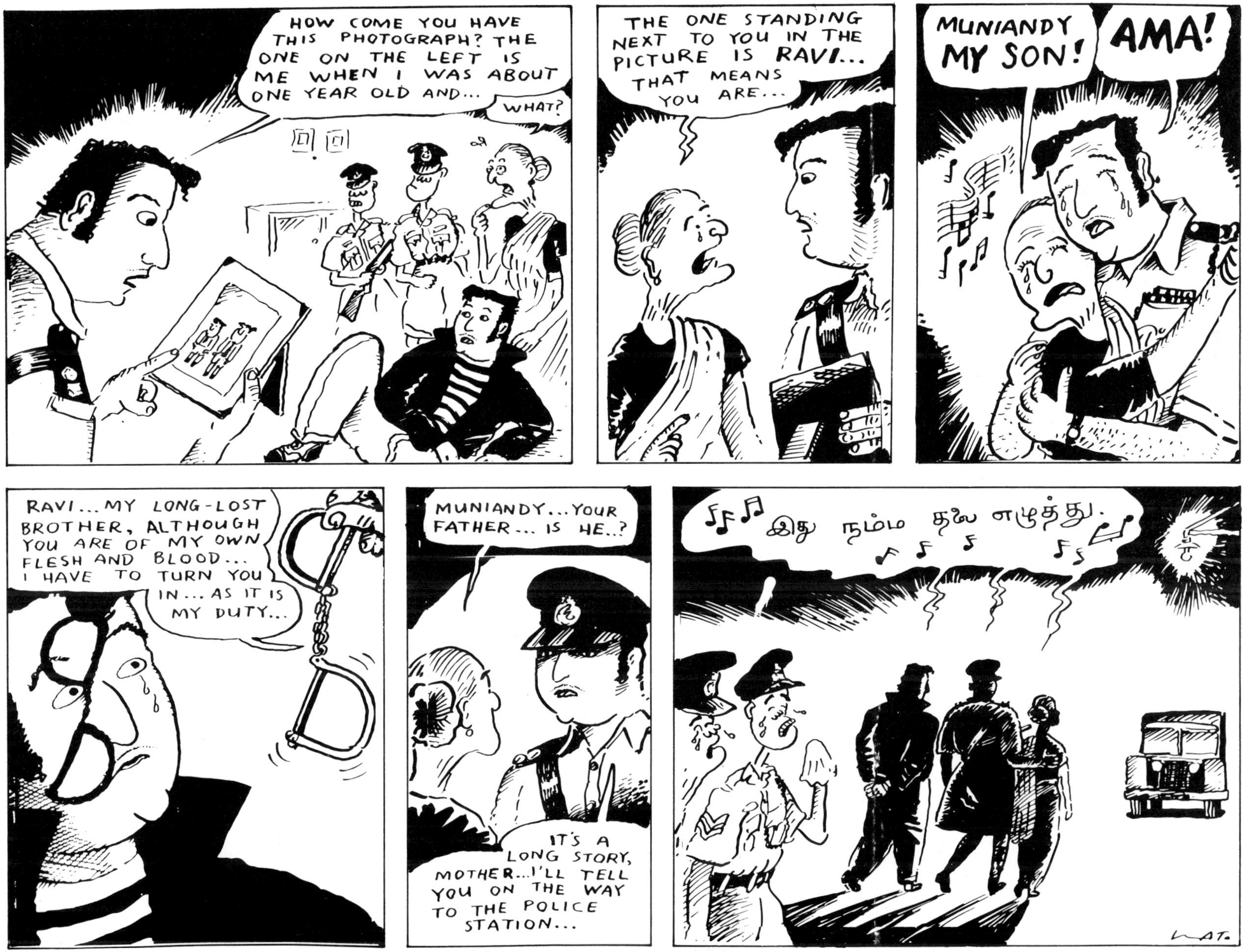
HOW COME YOU HAVE THIS PHOTOGRAPH? THE ONE ON THE LEFT IS ME WHEN I WAS ABOUT ONE YEAR OLD AND...
WHAT?
THE ONE STANDING NEXT TO YOU IN THE PICTURE IS RAVI... THAT MEANS YOU ARE...
MUNIANDY MY SON!
AMA!
RAVI... MY LONG-LOST BROTHER, ALTHOUGH YOU ARE OF MY OWN FLESH AND BLOOD... I HAVE TO TURN YOU IN... AS IT IS MY DUTY...
MUNIANDY... YOUR FATHER... IS HE..?
IT'S A LONG STORY, MOTHER... I'LL TELL YOU ON THE WAY TO THE POLICE STATION...
இது நம்ம தலை எழுத்து.
LAT.

Visit to Sabah

Tamu (market) in Kota Belud...
where you can buy live buffaloes.
$1,200 on the road
The buffalo plays quite an important role.
Sabahans still use them as wedding gifts.
Quite some time ago it was customary that the number of buffaloes (wedding gifts) presented should correspond to the number of 'tiangs' on which the bride's house stood.
1 2 3 4 5 6 7 8 9 10 11 12 13 14 15

SPECIAL OFFER
80¢
$1 only

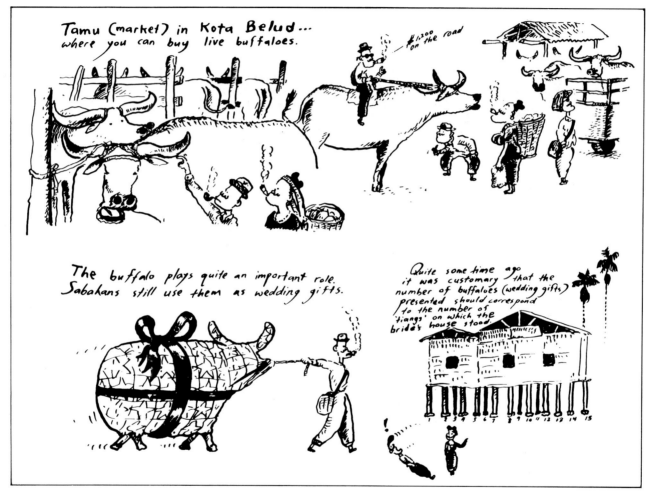

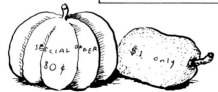

Kampung Air, Brunei, at a Glimpse

Kampung Air is a village on water... It's nice if you can walk around...

Lat in Japan

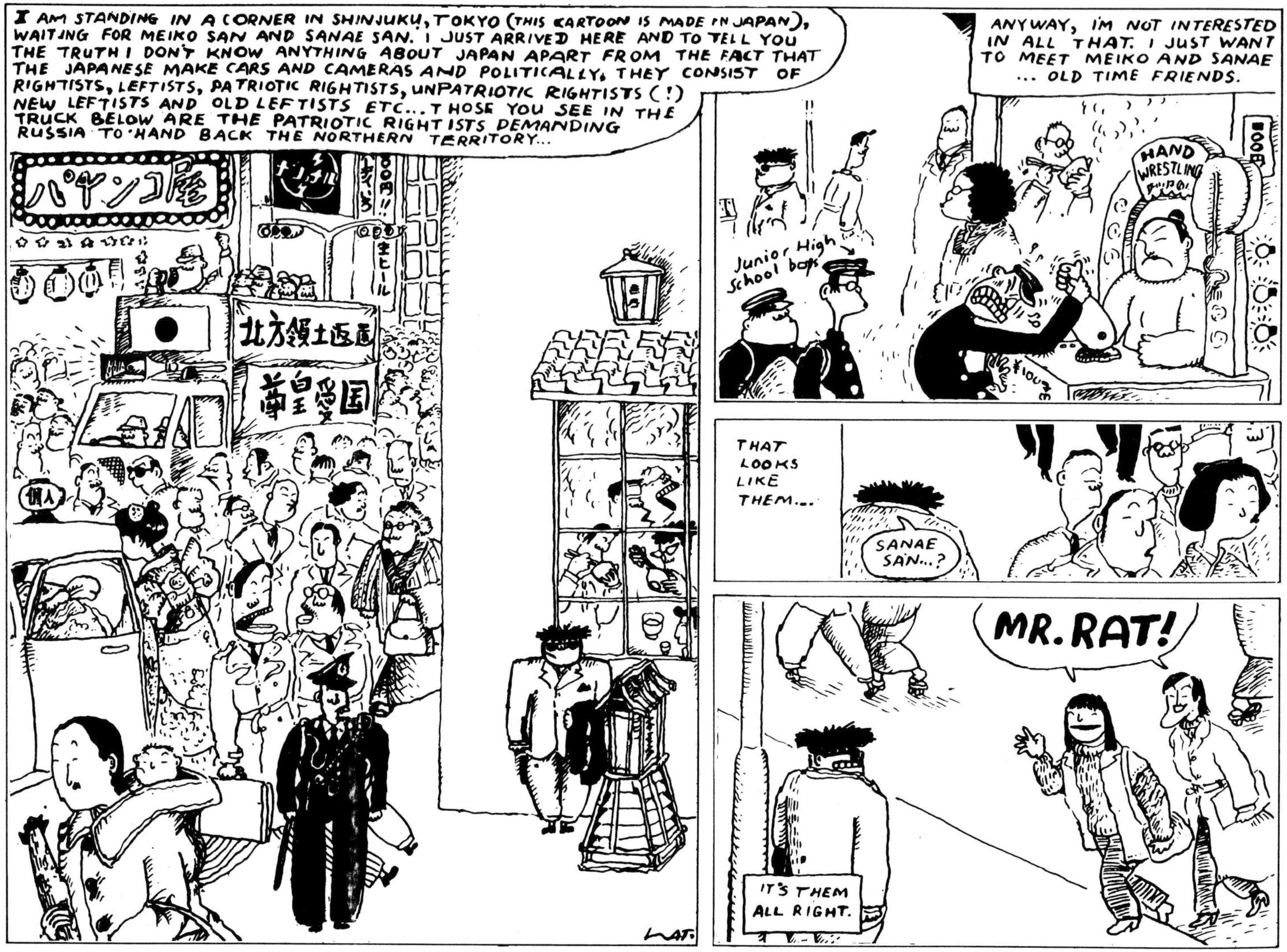
I AM STANDING IN A CORNER IN SHINJUKU, TOKYO (THIS CARTOON IS MADE IN JAPAN), WAITING FOR MEIKO SAN AND SANAE SAN. I JUST ARRIVED HERE AND TO TELL YOU THE TRUTH I DON'T KNOW ANYTHING ABOUT JAPAN APART FROM THE FACT THAT THE JAPANESE MAKE CARS AND CAMERAS AND POLITICALLY, THEY CONSIST OF RIGHTISTS, LEFTISTS, PATRIOTIC RIGHTISTS, UNPATRIOTIC RIGHTISTS (!) NEW LEFTISTS AND OLD LEFTISTS ETC... THOSE YOU SEE IN THE TRUCK BELOW ARE THE PATRIOTIC RIGHTISTS DEMANDING RUSSIA TO HAND BACK THE NORTHERN TERRITORY...
パチンコ屋
北方領土返還
尊皇愛国
LAT.
ANYWAY, I'M NOT INTERESTED IN ALL THAT. I JUST WANT TO MEET MEIKO AND SANAE ... OLD TIME FRIENDS.
Junior High School boys
HAND WRESTLING
THAT LOOKS LIKE THEM...
SANAE SAN...?
MR. RAT!
IT'S THEM ALL RIGHT.

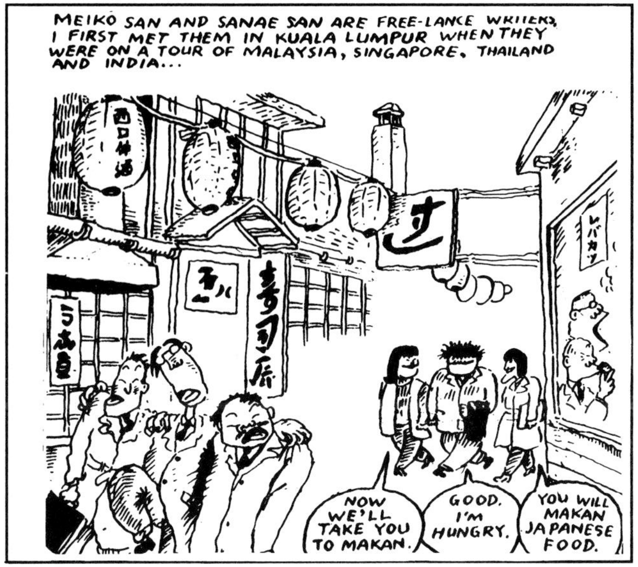
MEIKO SAN AND SANAE SAN ARE FREE-LANCE WRITERS, I FIRST MET THEM IN KUALA LUMPUR WHEN THEY WERE ON A TOUR OF MALAYSIA, SINGAPORE, THAILAND AND INDIA...
NOW WE'LL TAKE YOU TO MAKAN.
GOOD. I'M HUNGRY.
YOU WILL MAKAN JAPANESE FOOD.

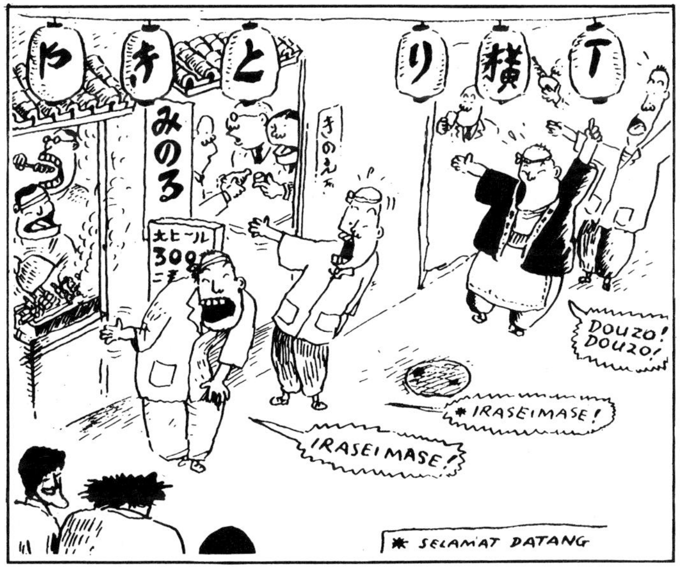
やきとり横丁
みのる
DOUZO! DOUZO!
*IRASEIMASE!
IRASEIMASE!
* SELAMAT DATANG

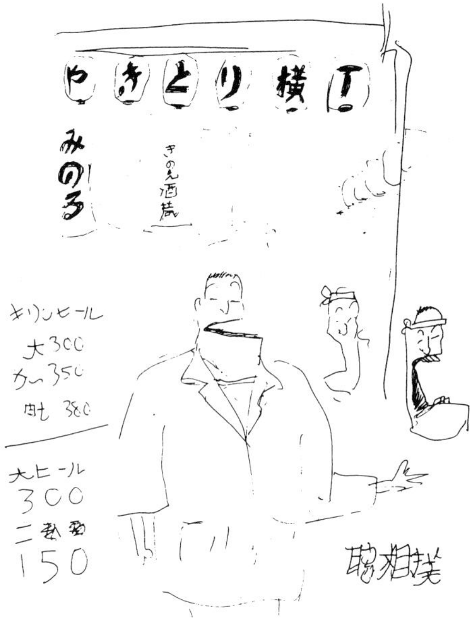
やきとり横丁
みのる

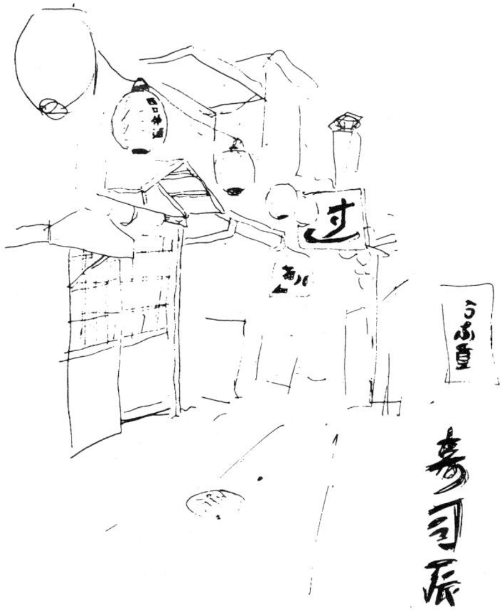
寿司辰

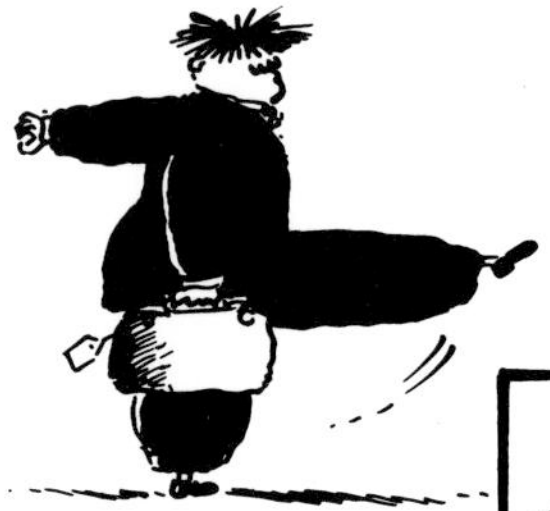

A Visit to West Berlin

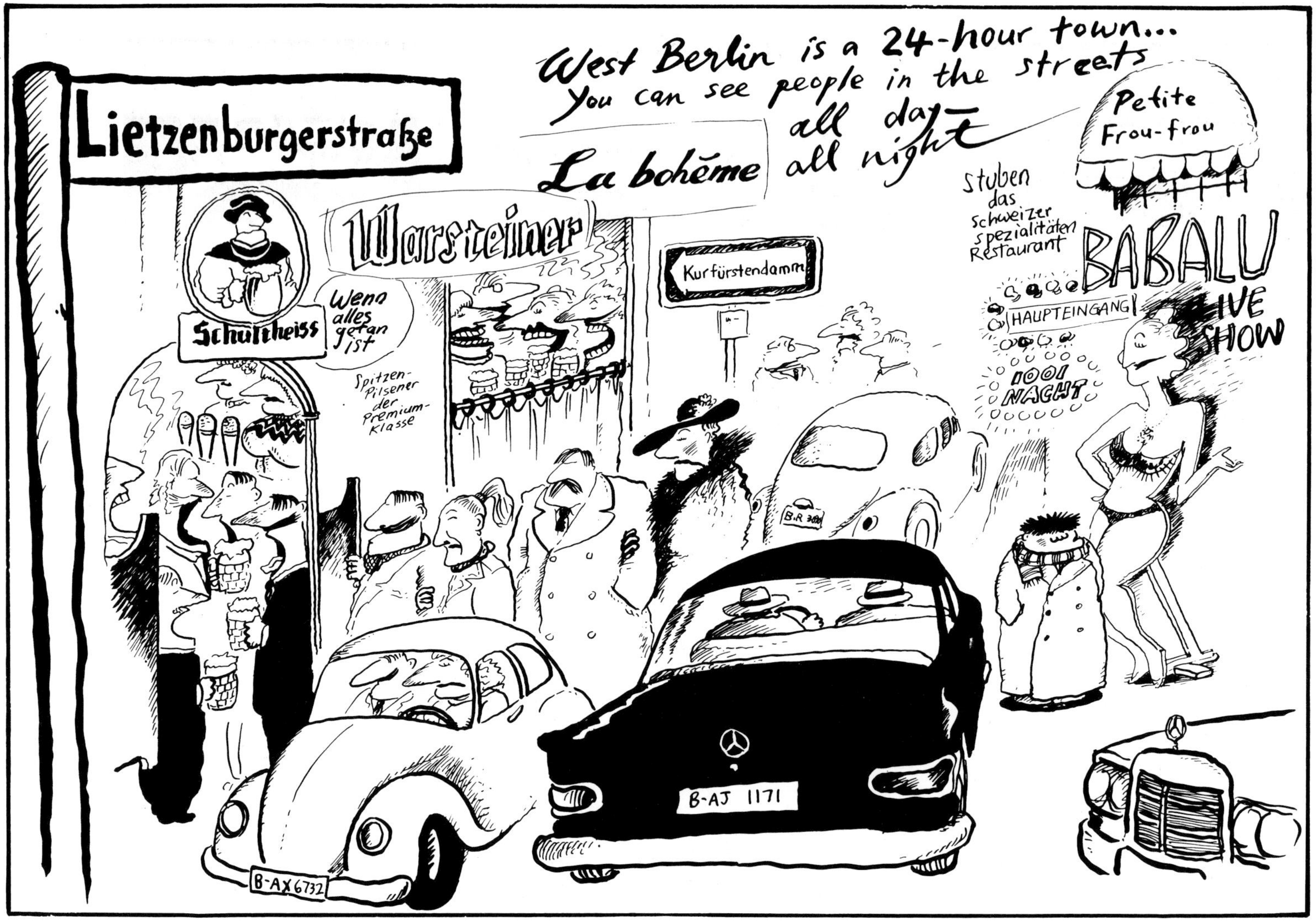
West Berlin is a 24-hour town...
You can see people in the streets
all day
all night
Lietzenburgerstraße
La bohème
Petite Frou-frou
Warsteiner
Schultheiss
Wenn alles getan ist
Spitzen-Pilsener der Premium-Klasse
Kurfürstendamm
Stuben das Schweizer Spezialitäten Restaurant
BABALU
IVE SHOW
HAUPTEINGANG
1001 NACHT
B-AJ 1171
B-AX 6732

In Kiwiland

NIGHT IN ROTORUA — a Maori town....
Ladies and gentlemen... To all you important visitors... we wish you welcome with "WERO"!..
Most of the important visitors to New Zealand nowadays are none other than the Japanese of course...
CLAP! CLAP!
CLAP! CLAP! CLAP! CLAP!
HOAH!
THOMP!

TE WHANAU APANUI
TAKORE TOKATU AREA SCHOOL

Trip Across U.S.A.

On my third day in D.C. I rode a cab to George Town ...

Needless to say, the flywhisk is from Mother Africa.

In Phoenix, Arizona, I'm given the opportunity to feel the life of an all-American family. I am a guest to the Burrs.

Sometimes it gets very windy down in Honolulu.

Lat Takes a Look at Singapore

Intellectuals

Lah, Ma'il dan Brahim

Redza Piyadasa

interviu

Kebebasan kepadaku
hanya satu beban:
apa pemimpin kata
aku ikut saja;
akal yang diberi Tuhan
tak payah digunakan—
kecuali untuk cari makan...

Keraguan dan
kerinduan jiwa
(jika ada)
kubawa berlari,
berlari
dari rumah
ke pejabat
dari pejabat
ke rumah
hingga hilang
segala sangsi
dalam bunyi lantang
peti TV
tiap-tiap malam
hari.
Sambil ternganga
tengok
TV
aku menjilat
jari
begitu sedapnya
ayam Kentucky

Dan aku akan
lebih tidak peduli.
Aku mahu hidup begini
seribu tahun lagi...

The Kampung Boy (1979)

They dressed me in the finest clothings and put me in a hammock in which I had never been before. I must have felt very comfortable. Just as the hammock was swaying slowly, a group of the guests began chanting the sacred lyrics of the "Marhaban" (a song about the Prophet.)

This is the split-level back portion of our house where I spent most of my time. On the lower level is the kitchen. Mum did her cooking on that table.

It was also in the kitchen that mum bathed me since I was too young to go to the river.

When the shopping was done we would proceed to a tea stall in front of the village mosque. Here the kampung men met and had long conversations over coffee and tea.

I would share tea with dad who would join in the talk. However, I could not follow their conversations. Needless to say, I was there just to accompany dad.

181

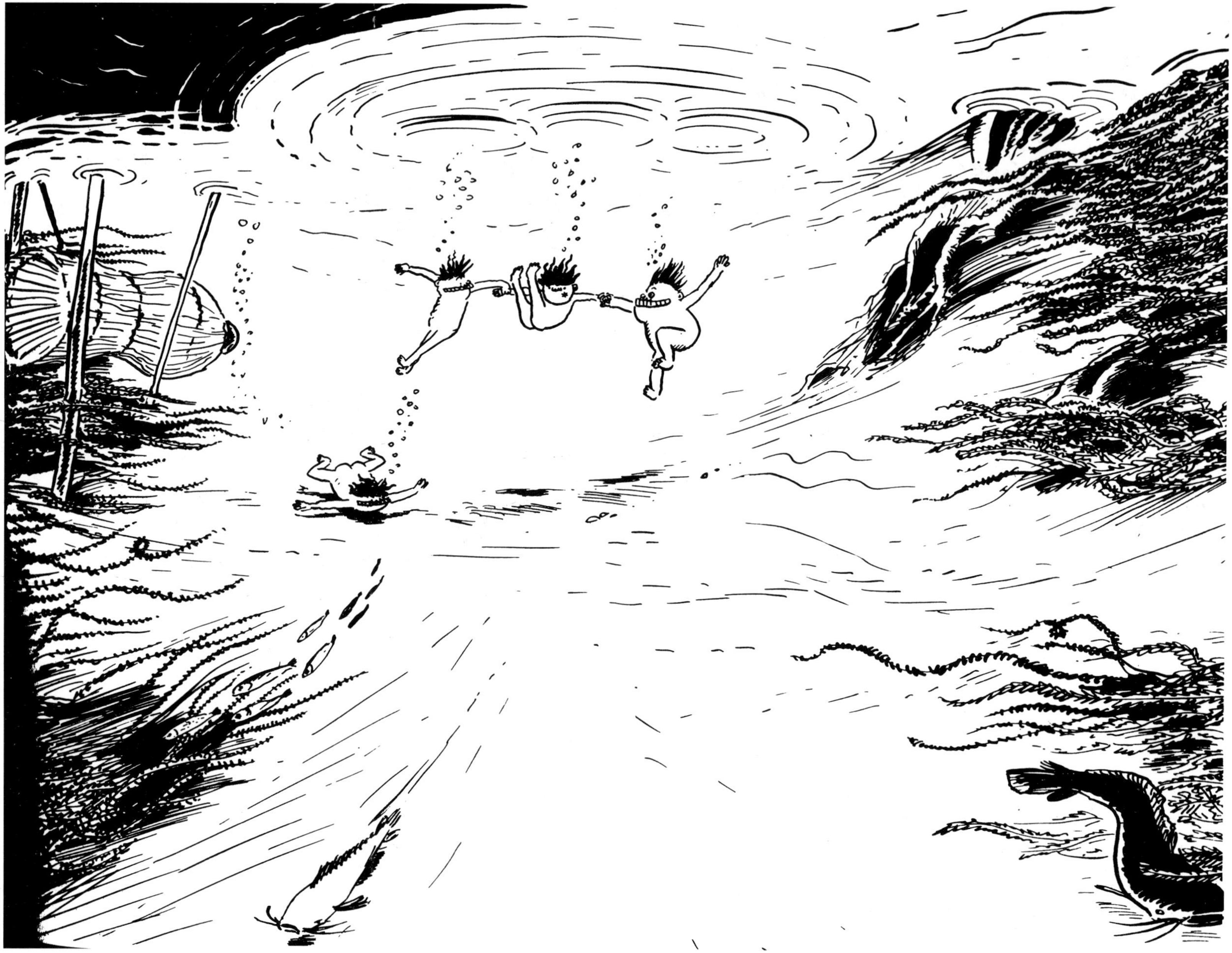

Then we passed through
a dredging area. It was
the first time I saw a
tin dredge this close.
I told the boys that
when I was younger I was
scared of the dredge because
I thought it was
a monster.
The fellows laughed.

We laughed a lot that day.

As I reached six years of age, when education became the task of my father, I was sent to Tuan Syed Ahmad's Koran reading class at the religious teacher's home. It was a must for children of my age to begin learning Tajwid (the art of reading Arabic with the correct enunciation) so that we could master the Koran.

Although it was my earliest stage of a formal education, I must admit that I was not very happy to see Tuan Syed for the first time that afternoon.

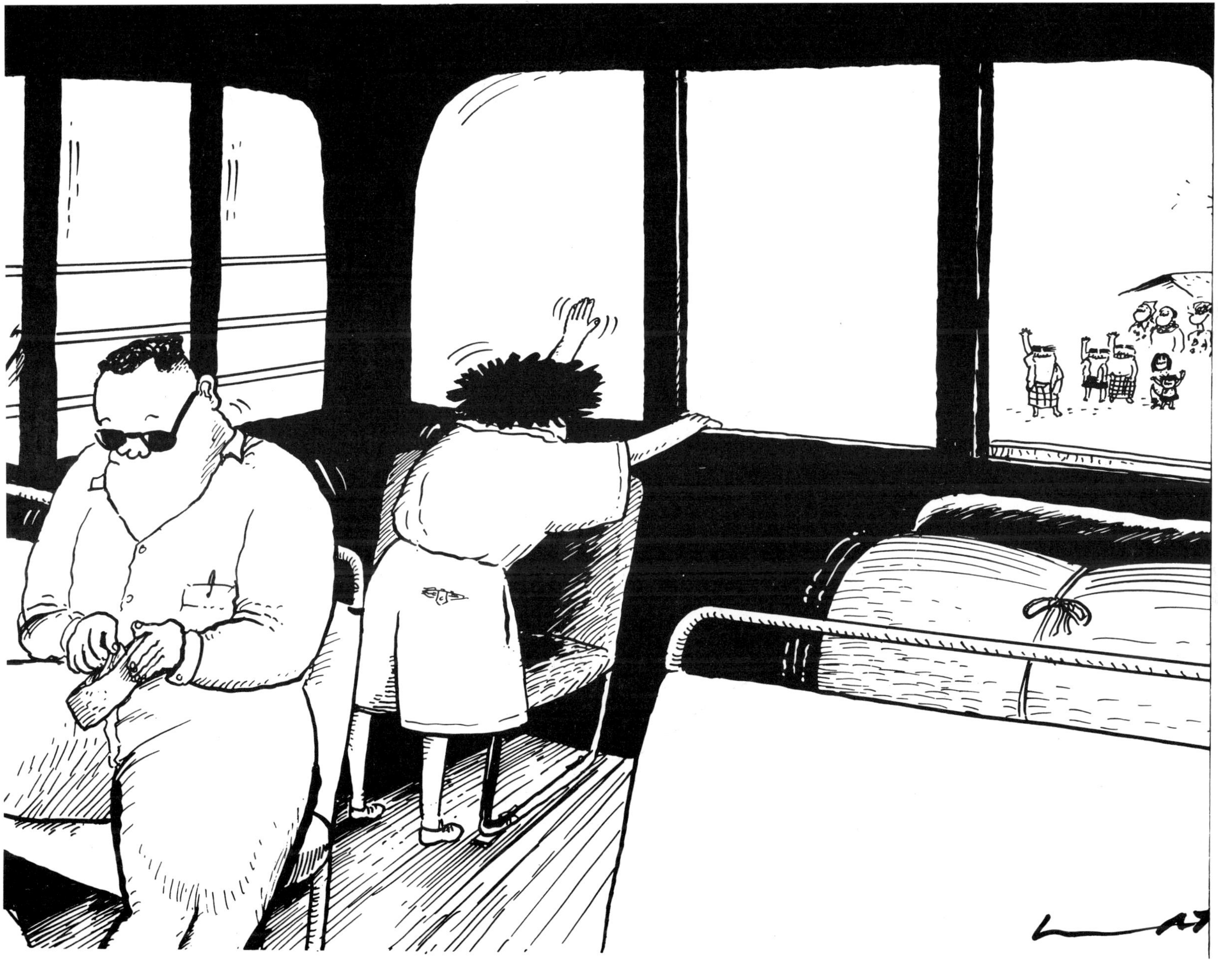

The Town Boy (1980)

What the fellow was referring to was a concert we had in the lobby the previous week in which I took part...

So after school the next day,
I was all set to go to Frankie's house...

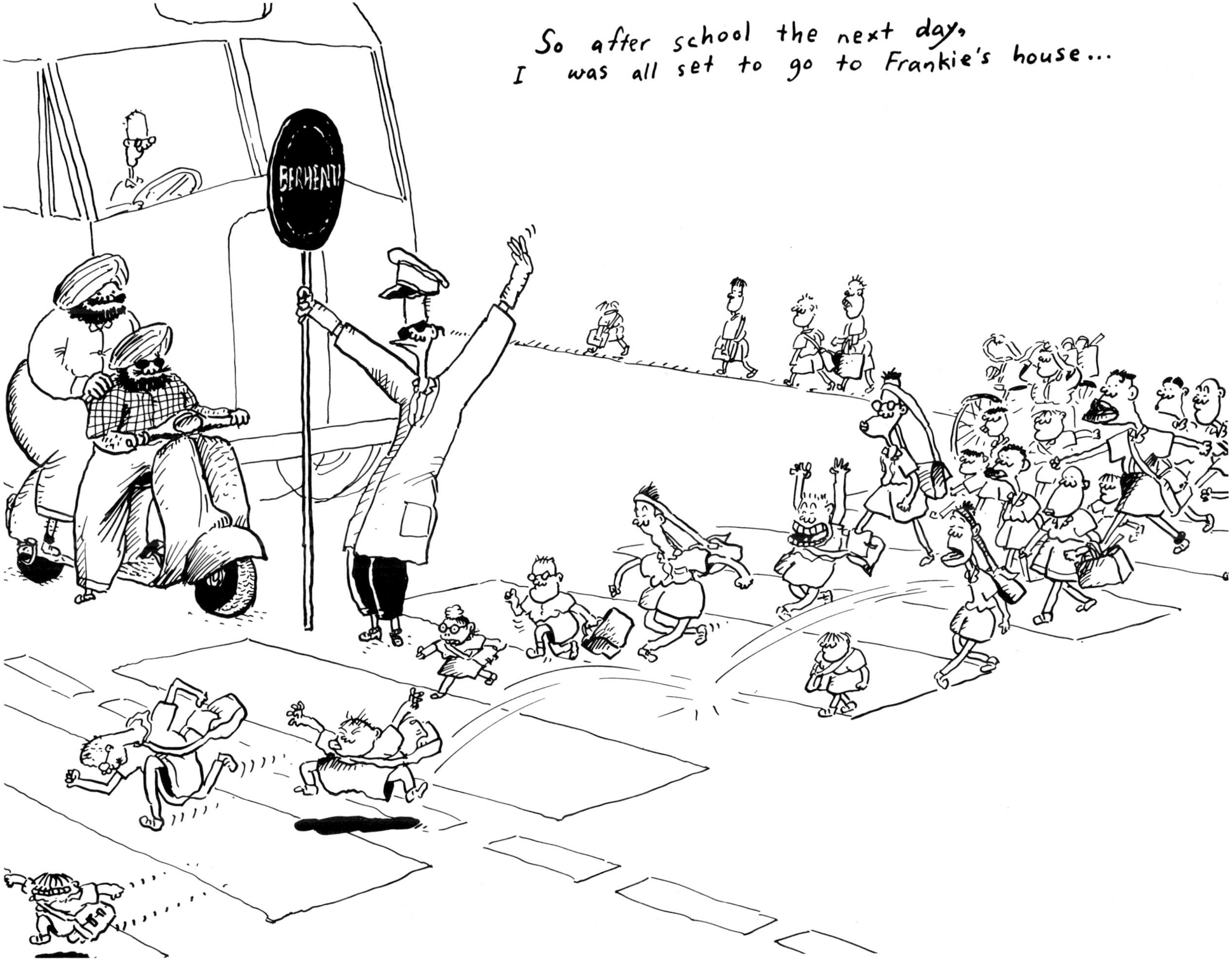
BERHENTI

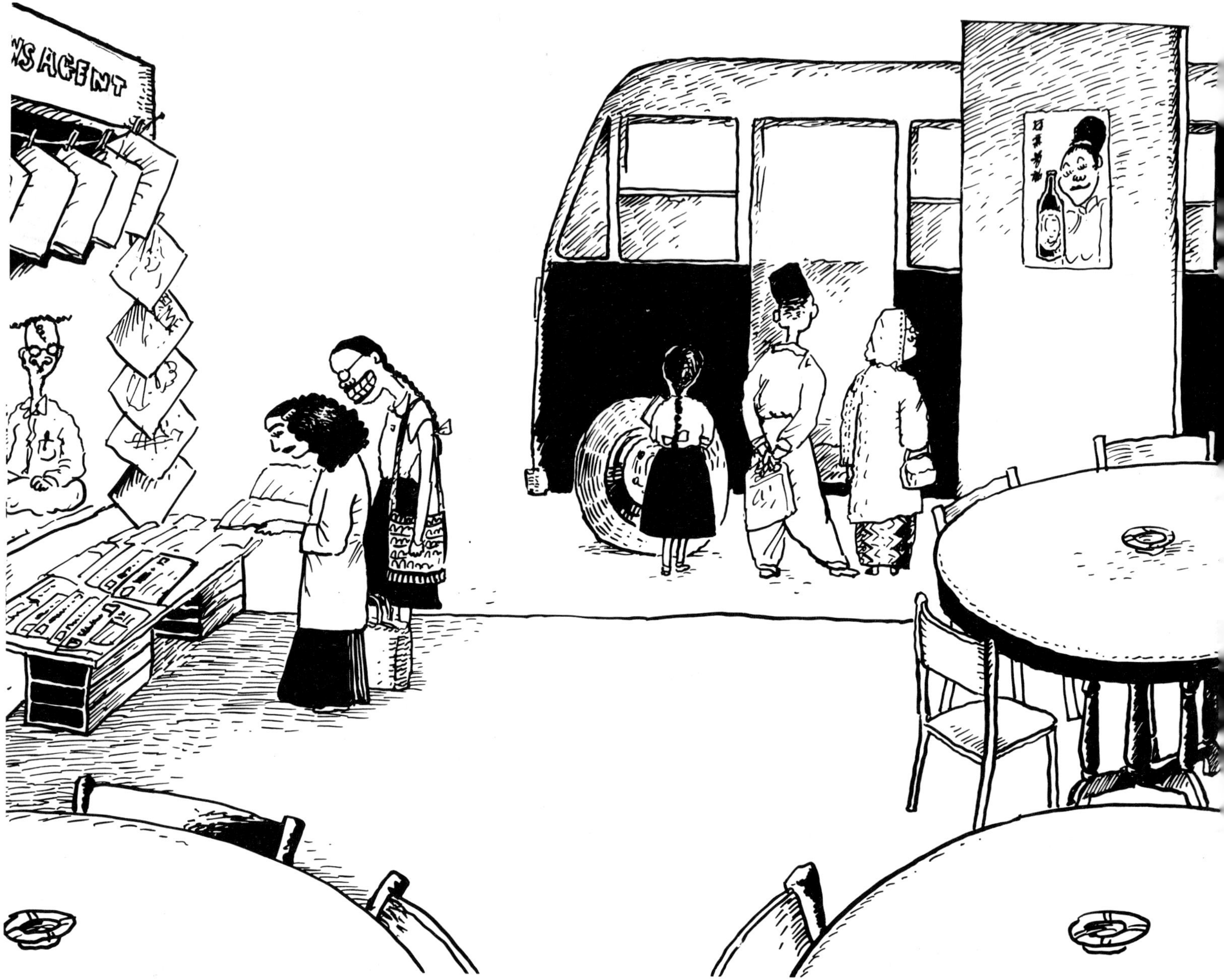
AGENT

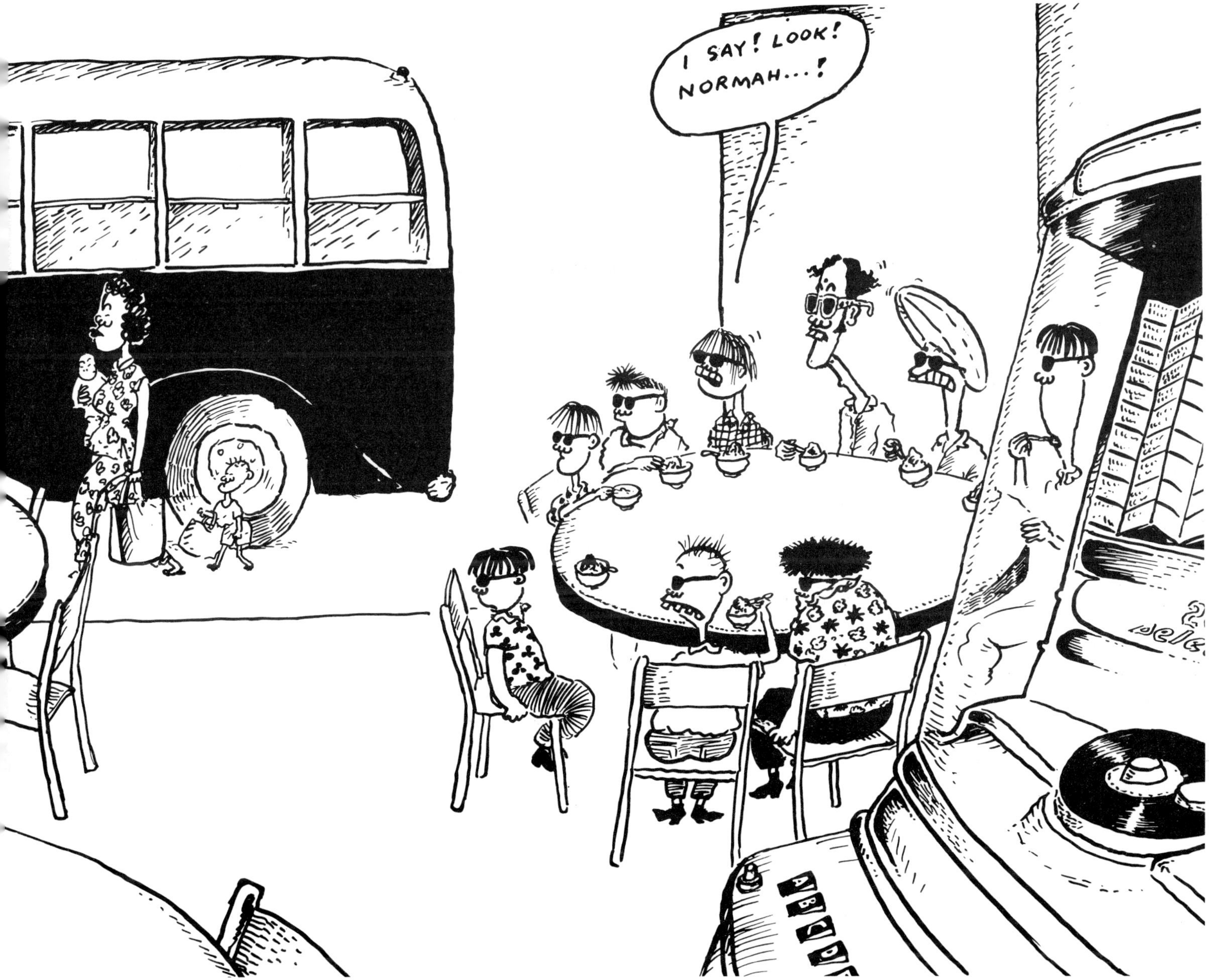
I SAY! LOOK! NORMAH...!

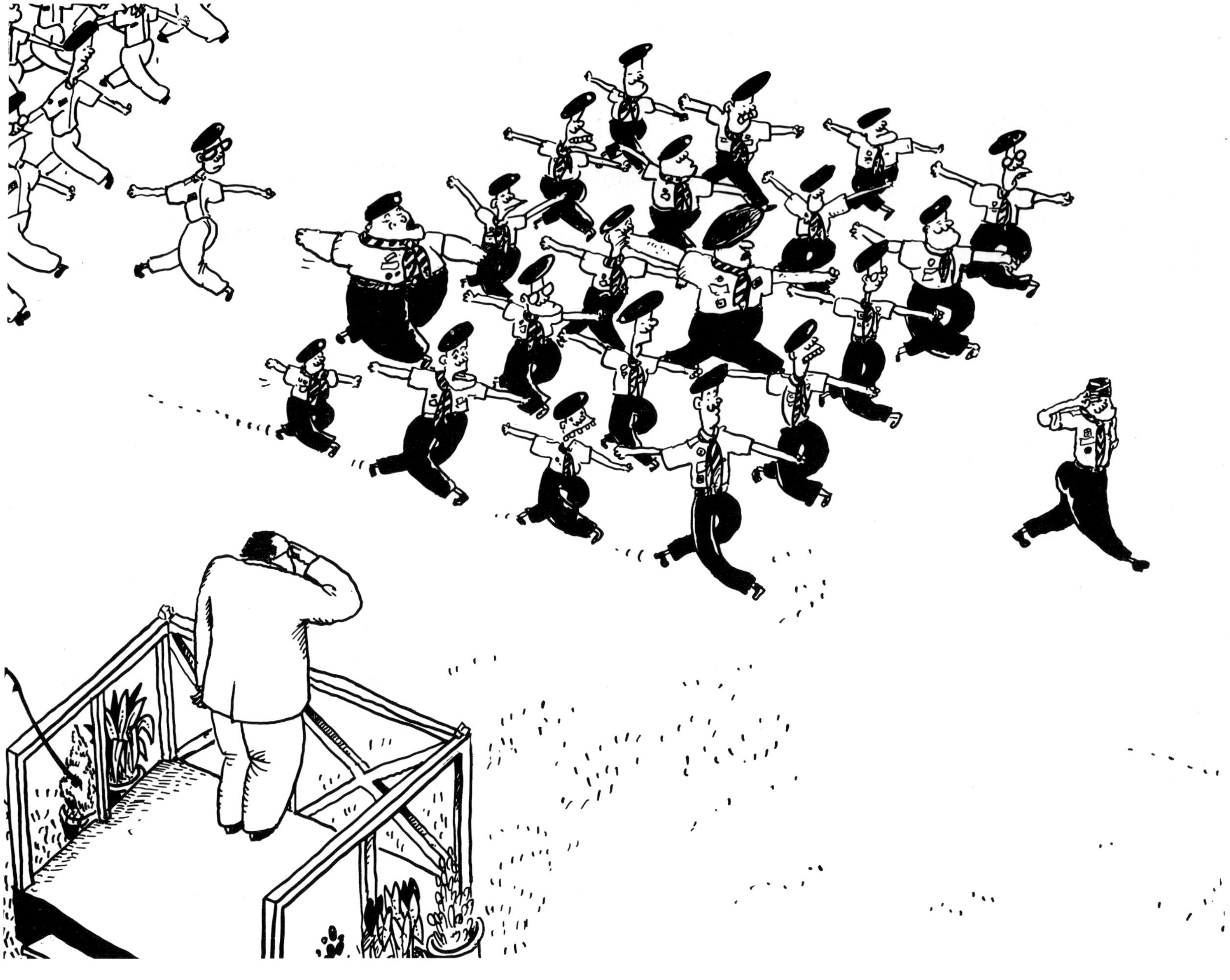

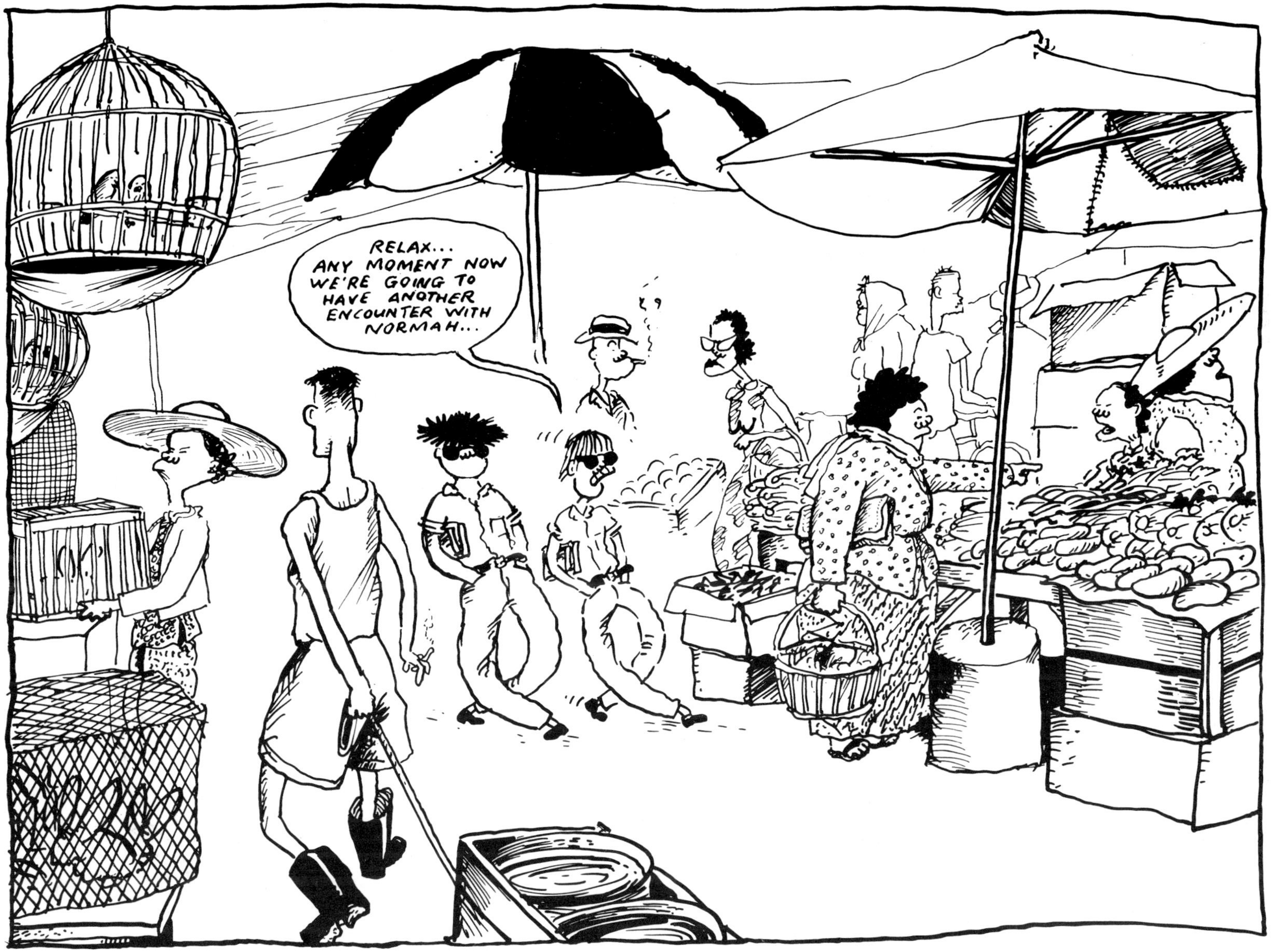
RELAX... ANY MOMENT NOW WE'RE GOING TO HAVE ANOTHER ENCOUNTER WITH NORMAH...

Mat Som (1989)

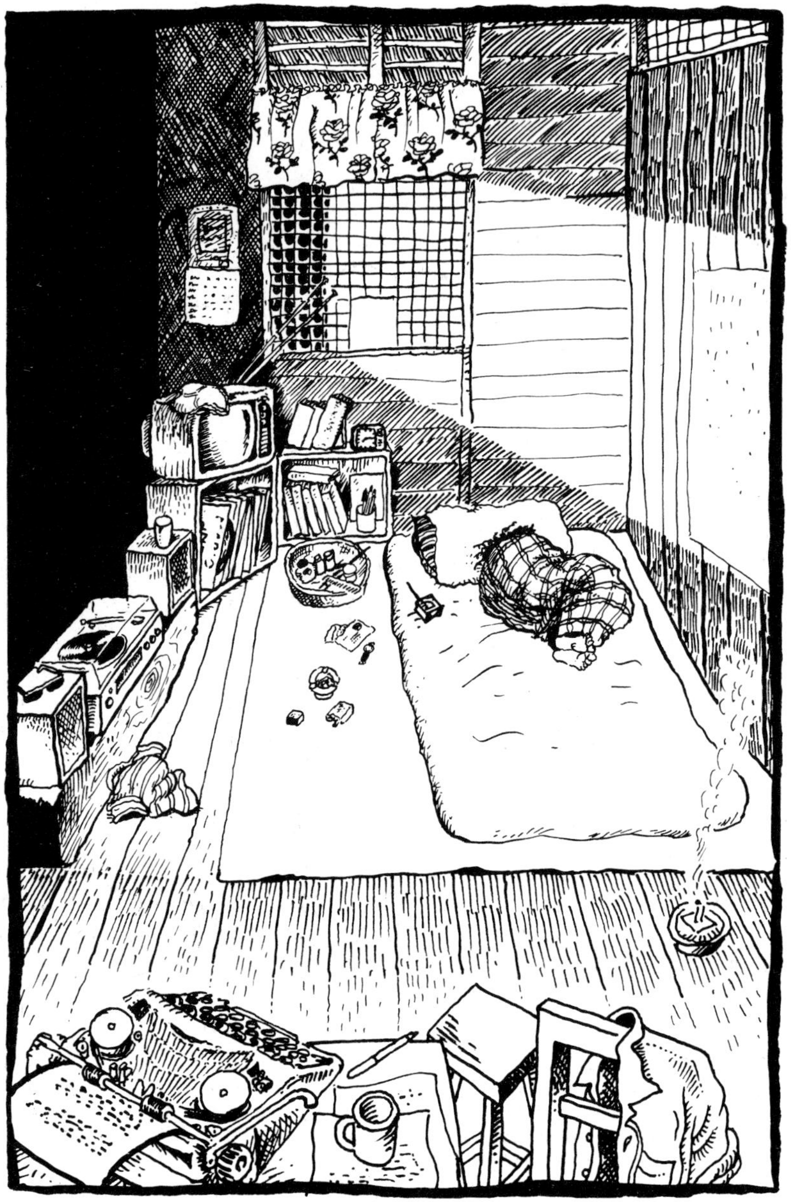

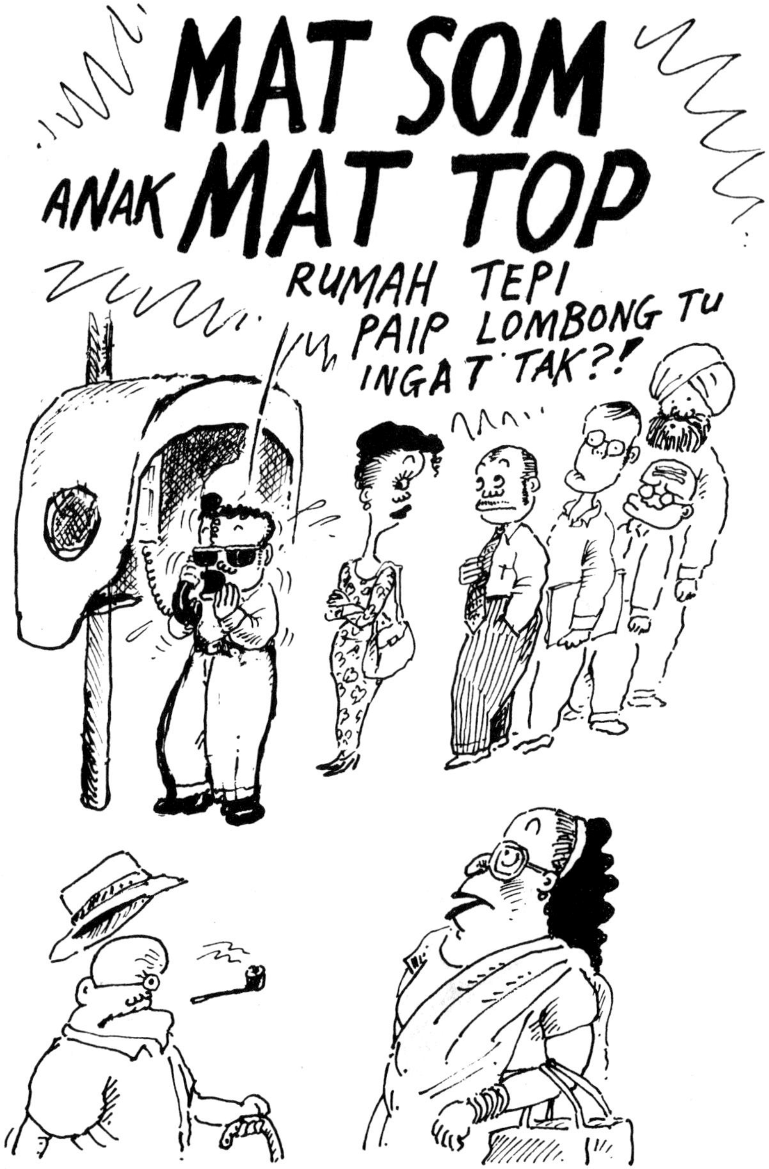
MAT SOM
ANAK MAT TOP
RUMAH TEPI PAIP LOMBONG TU INGAT TAK?!

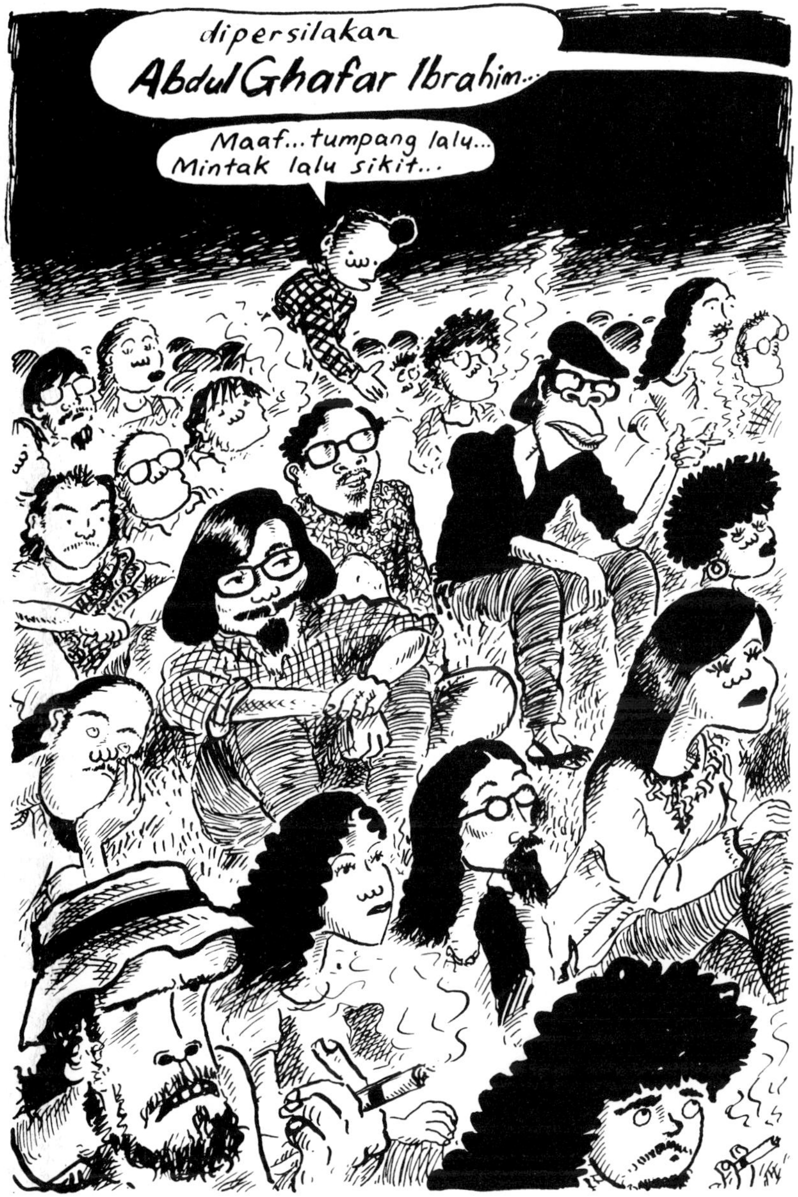
dipersilakan
Abdul Ghafar Ibrahim...
Maaf... tumpang lalu...
Mintak lalu sikit...

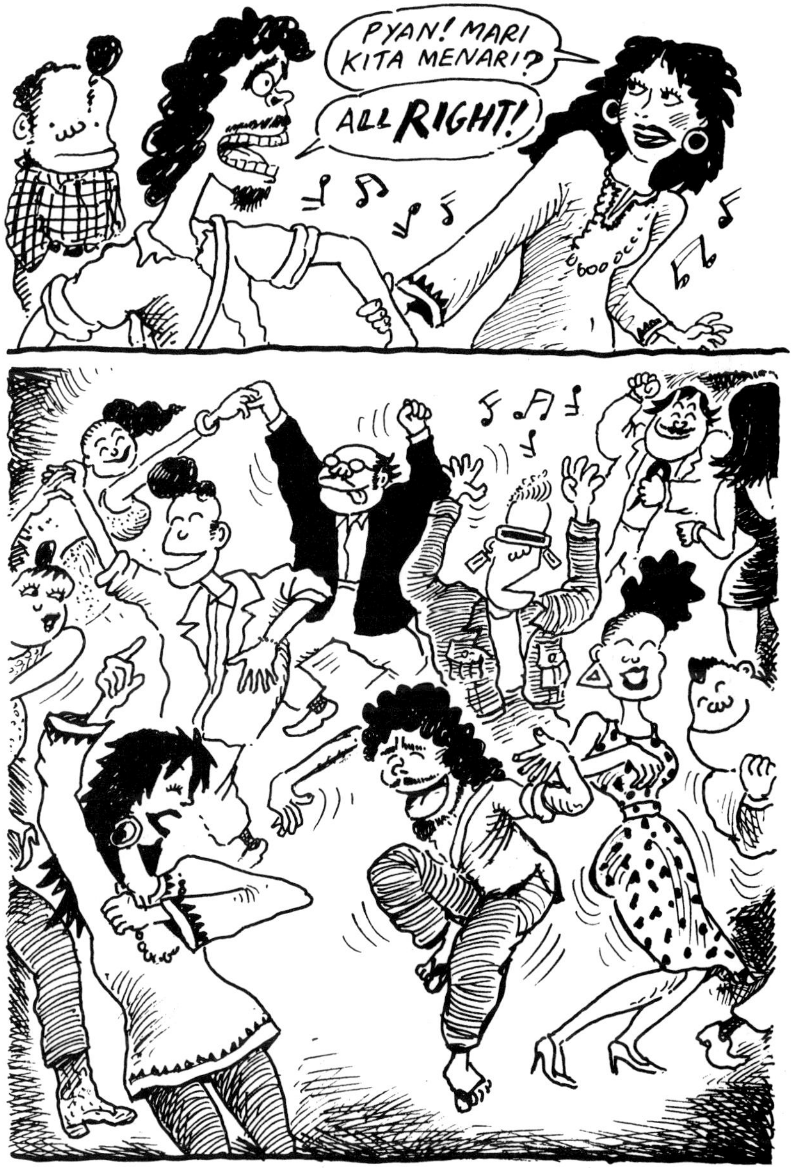
PYAN! MARI KITA MENARI?
ALL RIGHT!

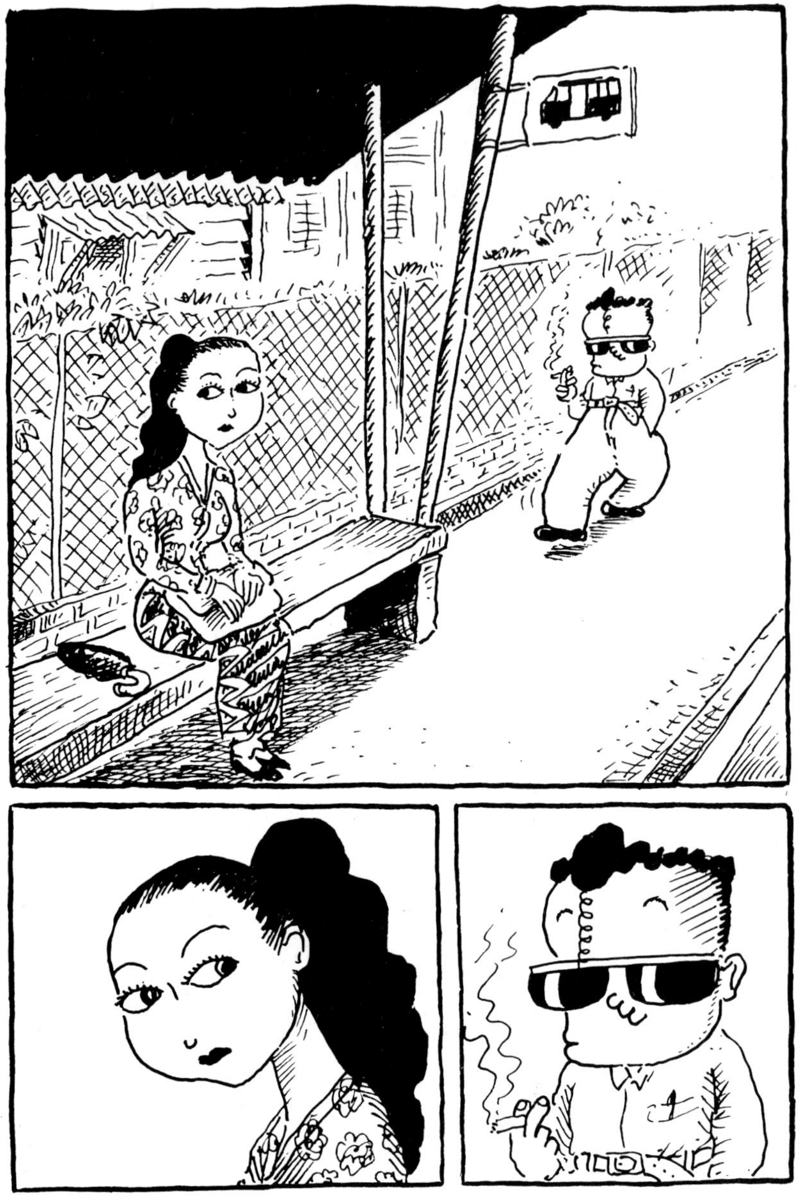

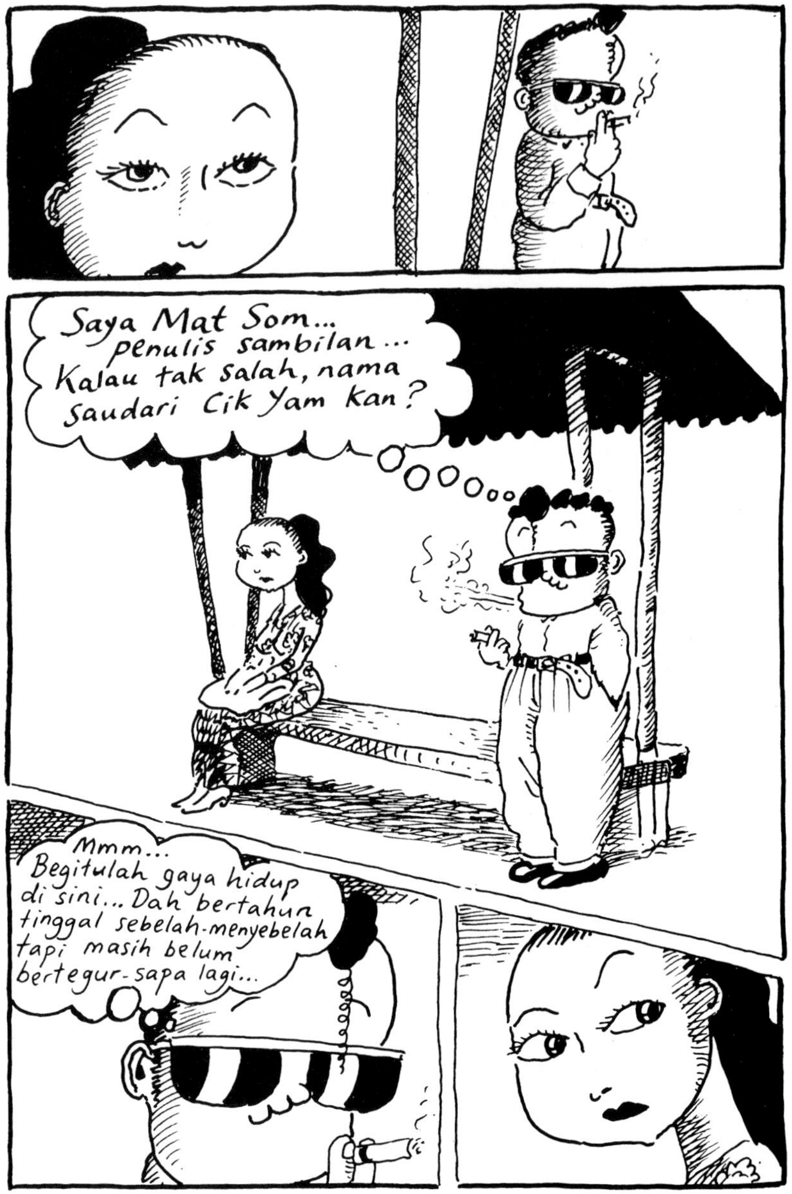
Saya Mat Som... penulis sambilan... Kalau tak salah, nama saudari Cik Yam kan?
Mmm... Begitulah gaya hidup di sini... Dah bertahun tinggal sebelah-menyebelah tapi masih belum bertegur-sapa lagi...

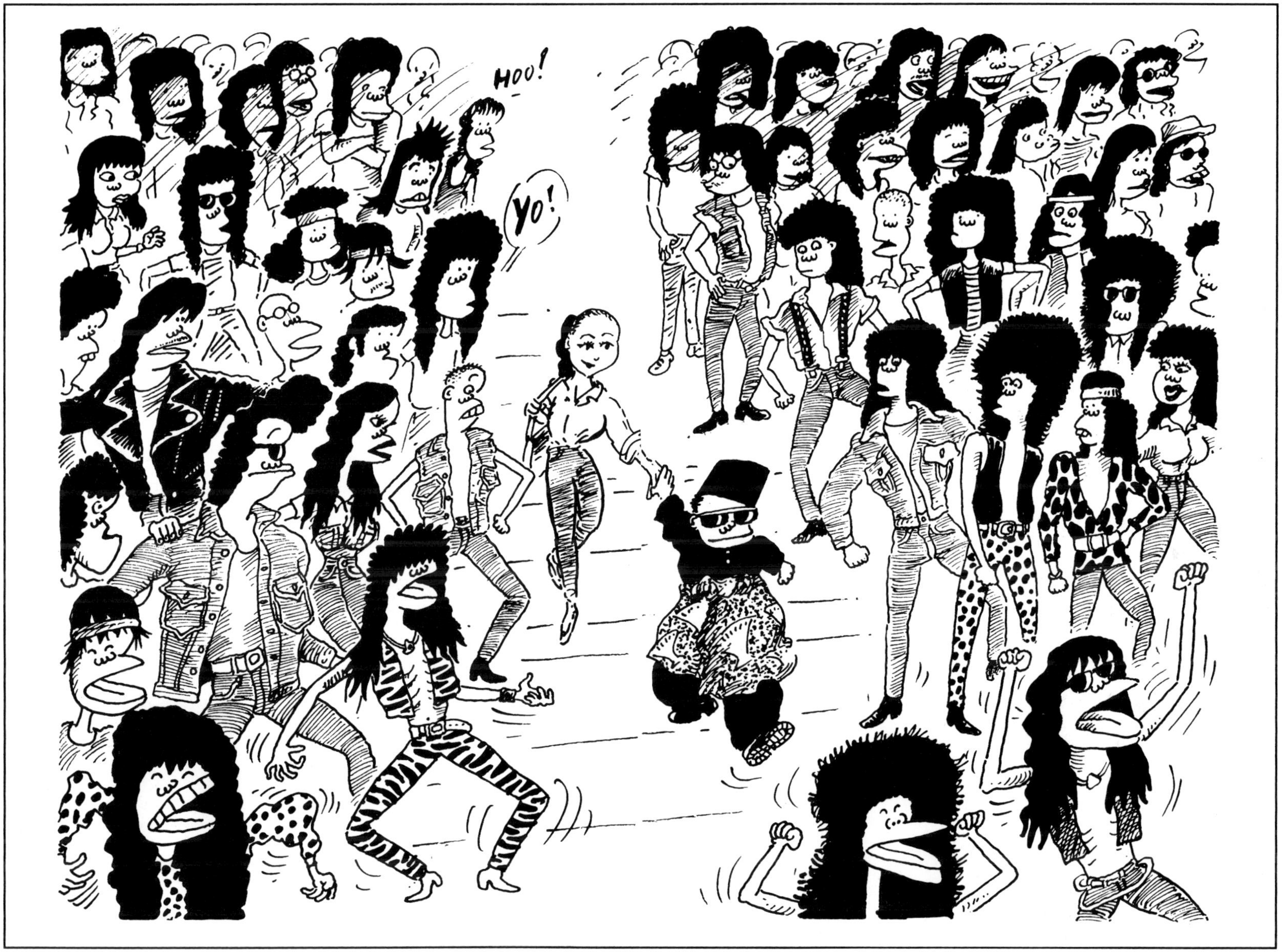
HOO!
YO!

Kampung Boy Yesterday & Today (1993)

We had not heard of **TV** then, but once in a while the medicine vendors would come to the kampung to screen a movie. Wow! I would be one of the first to arrive..

197

On this day the ustaz was teaching us the "rukuk" — bowing during prayer.

One of my favourite games was top-spinning.

We would unleash our tops simultaneously to see whose top would whirl the longest

BOOP!

← the winner

POM!

...because the 'pop-gun' war had just started.

I can still picture how the girls would walk on the tree trunk that linked us to the other side of the river.

We only had the river then and this was how my dad taught me to swim...

Folks these days send their children to learn swimming at the public swimming pools.

Recent Cartoons - 2003

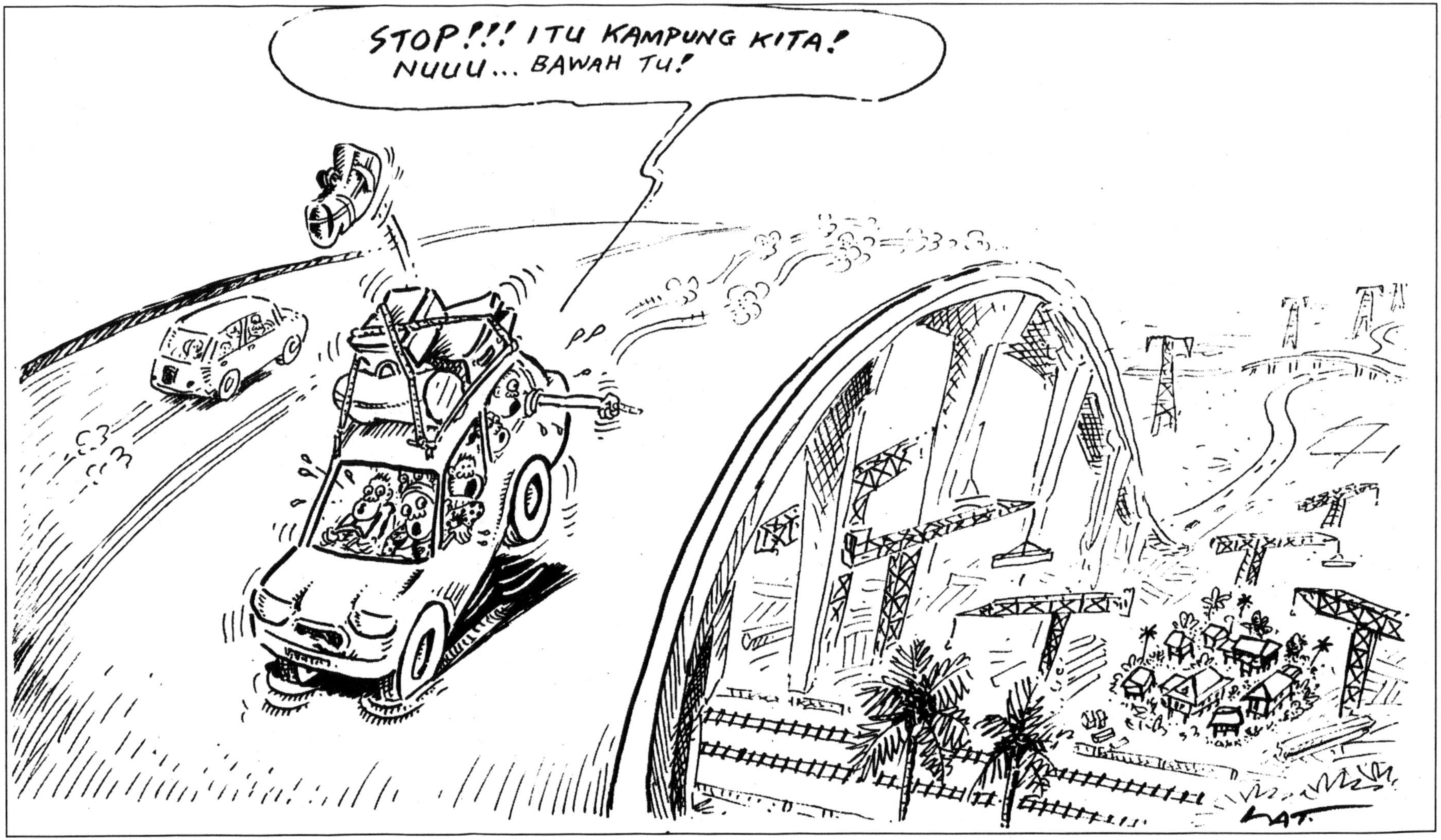
STOP!!! ITU KAMPUNG KITA!
NUUU... BAWAH TU!
LAT.

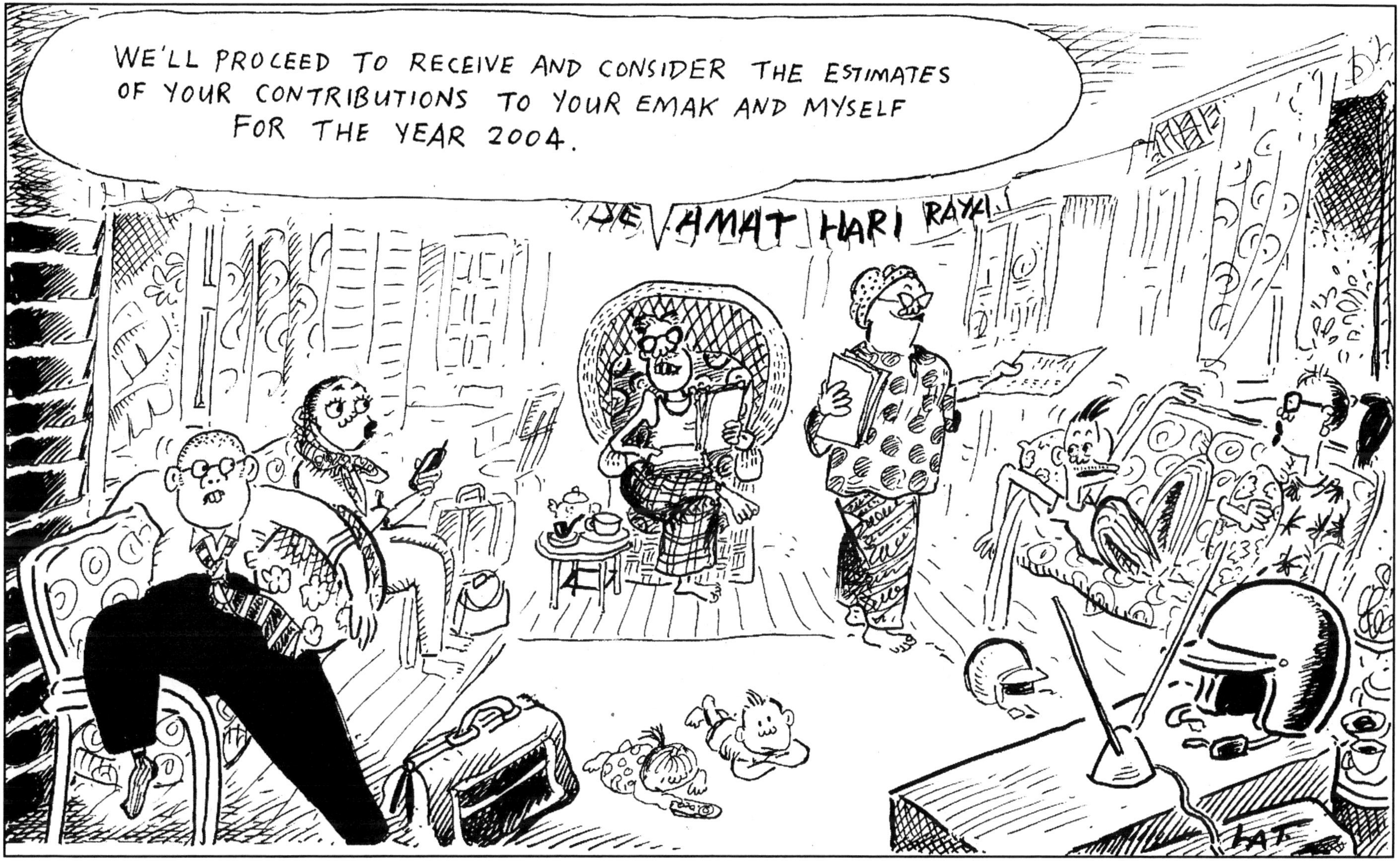
WE'LL PROCEED TO RECEIVE AND CONSIDER THE ESTIMATES OF YOUR CONTRIBUTIONS TO YOUR EMAK AND MYSELF FOR THE YEAR 2004.
SELAMAT HARI RAYA
LAT

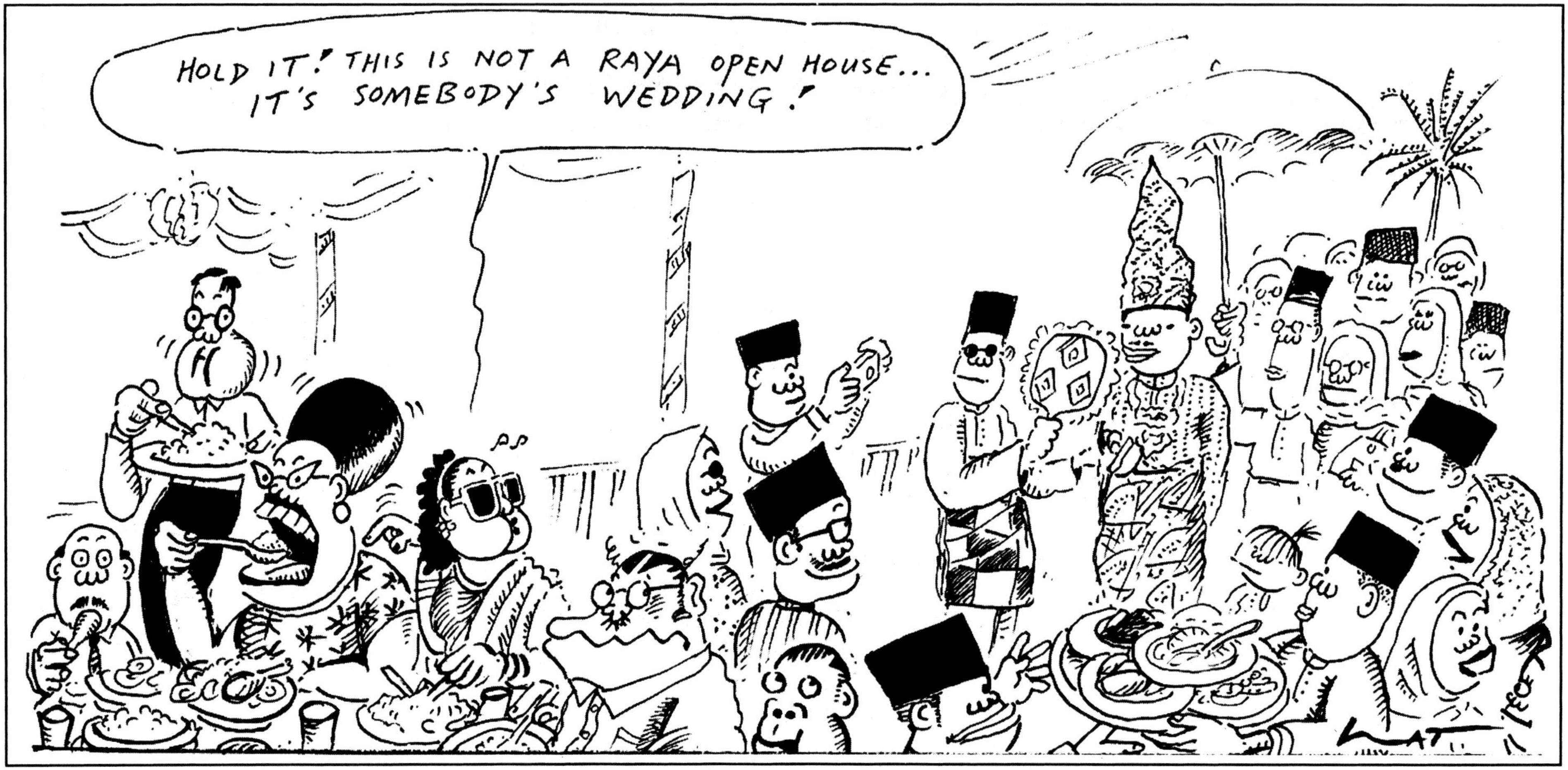
HOLD IT! THIS IS NOT A RAYA OPEN HOUSE...
IT'S SOMEBODY'S WEDDING!

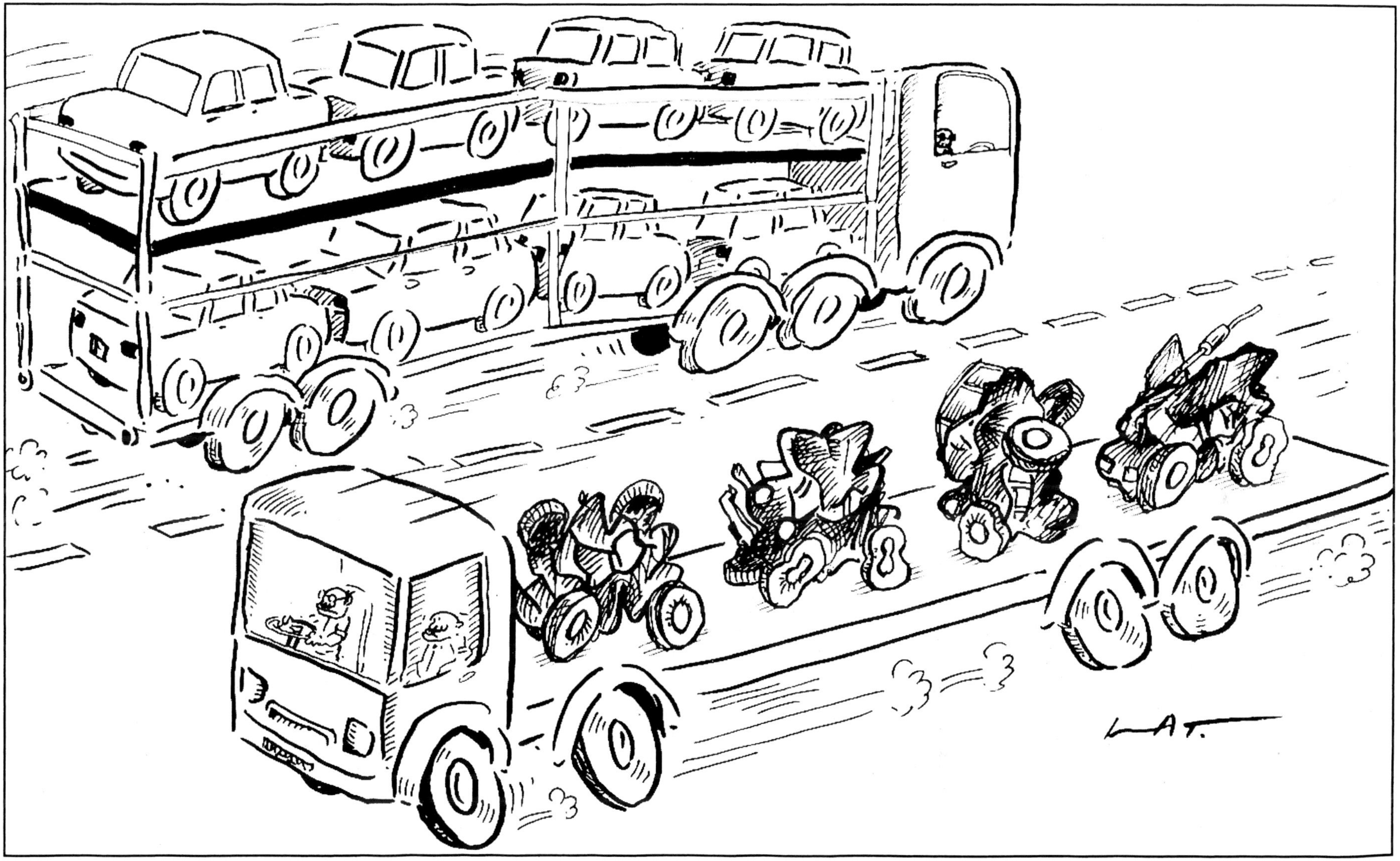

LAT.

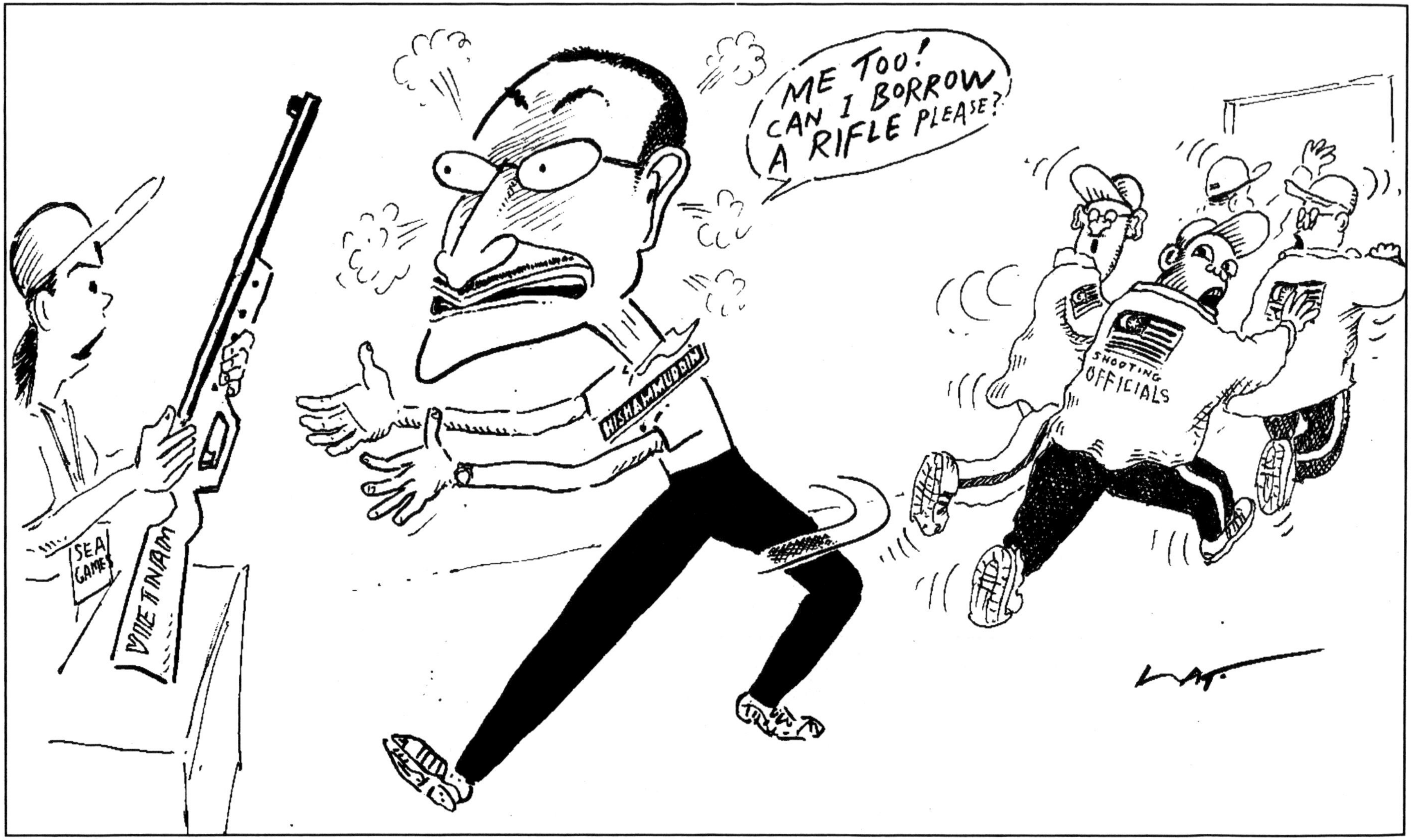
ME TOO! CAN I BORROW A RIFLE PLEASE?
SEA GAMES
VIETNAM
HISHAMMUDDIN
SHOOTING OFFICIALS

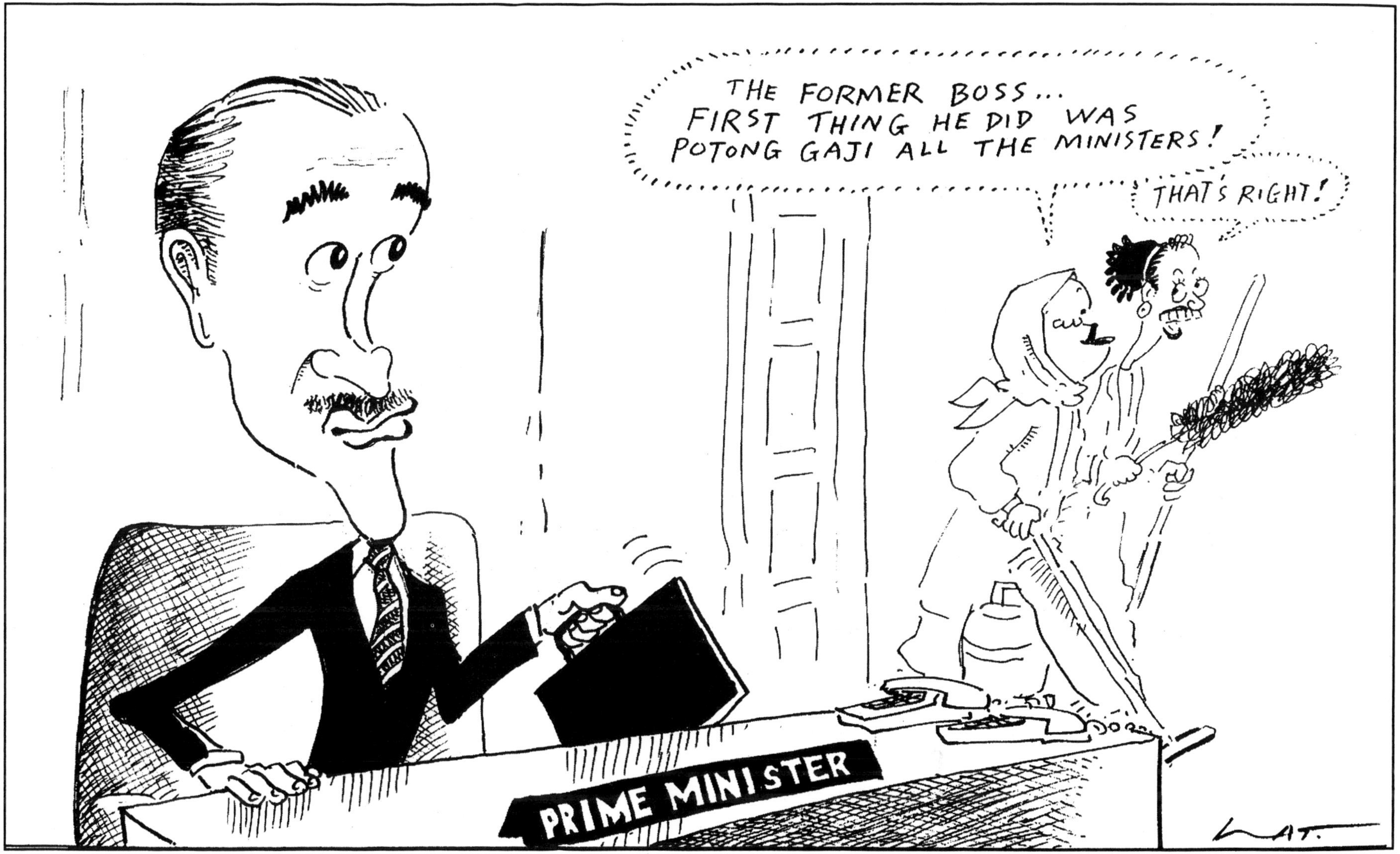
THE FORMER BOSS...
FIRST THING HE DID WAS
POTONG GAJI ALL THE MINISTERS!
THAT'S RIGHT!
PRIME MINISTER
LAT.

PENGHARGAAN ACKNOWLEDGEMENTS

The Chairman and Members of the Board of Trustees of the National Art
Gallery of Malaysia wish to record their grateful thanks to :

Ministry of Culture, Arts and Tourism, Malaysia

Yang Bhg. Datuk A. Samad Said

Yang Bhg. Dato' Mohd Nor Khalid

Encik Redza Piyadasa

Dr. Muliyadi Mahamood

Brigitte F. Bresson @ Saleha Abdullah

Encik Ismail Hashim

The New Straits Times

Berita Harian Sdn. Bhd.

Berita Publishing Sdn. Bhd.

Measat Broadcast Network Systems (Astro)

Selangor Pewter Sdn. Bhd.